L'ÂGE DES PASSIONS

Volume 2

Karima Djelid

L'ÂGE DES PASSIONS

Volume 2

Au cœur de la tempête

&

Peur ancestrale

Pièces de théâtre

Bibliographie de Karima Djelid

Roman :

Mam'zelle Bourgeois
(paru en 2013, réédition en 2017)

L'univers des Elgéendsorde
(paru en 2015)

Winzry - Soleil despote Tome 1 (roman)
(paru en 2017)

Pièce de théâtre :

Emma, **d'après l'œuvre de Jane Austen**
(paru en 2016)

L'âge des passions - Volume 1 avec les pièces
1, 2, 3, Répèt ! & *Entrons en scène*
(paru en 2017)

L'âge des passions - Volume 2 avec les pièces
Au cœur de la tempête & *Peur ancestrale*
(paru en 2018)

A paraitre :

Winzry – L'aube des vies tome 2 (roman)

Le jardin secret, **d'après l'œuvre de Frances Hodgson Burnett,** Textes de théâtre avec des illustrations

Le reflet d'un ange (roman)

La tempête la plus féroce,
la vraie tempête sommeille en nous.
Tortueuse et vicieuse. Elle nous arrache tant de larmes.
L'amertume est notre sanctuaire
qui se brise face à un événement inattendu…
Un violent écho frappe nos yeux en voyant les portes closes
des âmes torturées.
A l'aube de ce 26 décembre 1999,
j'ai appris à respirer d'un air insoupçonné.

Texte de Gwen dans *Au cœur de la tempête*

Un grand merci à mes précieuses correctrices,
Hermine, Gwladys & Brigitte.
Ainsi qu'aux comédiens qui incarnèrent
mes personnages imaginaires.

Au cœur de la tempête

Genre :
Comédie dramatique

Nombres de personnages :
5

4 femmes / 1 homme

Gwen, Hélèna, Claire, Cassandra et Ludovic

Durée :
1 heure 10

Prologue

Une petite lumière tamisée éclaire le milieu de la scène. Une jeune fille est assise à même le sol, recroquevillée sur elle-même.

GWEN

Il était une fois une tempête qui faisait rage. Sa force était inouïe, emportant tout sur son passage. Une tempête imprévue. Une rédemption attendue…

Cette tempête arrachant les arbres, les toitures, les briques ; faisant se disloquer, se détacher les roches les plus vieilles ; rappelant à nos âmes que l'homme n'est que faiblesse, ne contrôlant rien. Seule la nature est puissance. Seule la nature a le pouvoir sur l'homme…

L'élément venteux s'est attaché à nous, nous déroutant, forçant nos pitoyables êtres à s'arrêter au milieu d'une autoroute maintes fois empruntée, mais jamais connue. Cette maison surplombant la colline, nous l'avons aperçue pour la première fois. Nos détresses nous la firent voir et jamais nous n'aurions cru qu'elle serait à jamais dans nos cœurs…

Modeste petite maison de pierre que des milliers de gens sillonnant cette autoroute chaque jour n'ont vue. De grâce et de raison elle fut. Bravant les assauts du vent pour protéger nos insignifiantes personnes d'une mort abominable. Nous dévoilant la détresse de ses occupants… Pourquoi nous ? Pourquoi nous avoir choisi parmi tant de badauds ? Pourquoi nous avoir laissé cette vie que nous rejetons parfois ? Faut-il voir la mort de près pour aimer la vie ?…

Que d'apparences pourtant.

La tempête la plus féroce, la vraie tempête sommeille en nous. Tortueuse et vicieuse. Elle nous arrache tant de larmes. L'amertume est notre sanctuaire qui se brise face à un événement inattendu…

Un violent écho frappe nos yeux en voyant les portes closes des âmes torturées.

A l'aube de ce 26 décembre 1999, j'ai appris à respirer d'un air insoupçonné.

Lumière éteinte

Scène 1

Un vent violent se fait entendre en continu.

Deux femmes entrent dans une pièce qui ressemble à un grand débarras. L'une d'elle, la plus jeune, va s'asseoir sur un fauteuil l'air désappointé. L'autre dépose sur une vieille table de bois un panier. Puis elle scrute la pièce minutieusement.

HÉLÈNA

Mazette ! Quelle crasse ! Regarde-moi ça, toutes ces vieilles choses. Je suis sûre qu'elles ne servent à rien. Une brocante et hop ! Tout disparaît. Il y a un tas de cons qui achèteraient n'importe quoi, juste parce qu'ils ont la maladie du rafistolage. *(Gwen la regarde, sur son fauteuil, l'air désabusé.)* Moi je dis qu'ils n'ont rien d'autre à foutre. J't'en mettrais moi du rafistolage. Venez donc bosser avec moi ! Du boulot y en a plus que de raison… Qu'est-ce qu'il y a, Gwen ? *(Elle se détourne d'elle, l'air désinvolte. Hélèna s'avance, l'air cynique.)* Encore à ruminer ? *(Gwen soupire grossièrement.)* Ne joue pas à ça avec moi. Je te connais comme si je t'avais faite… Dans la vie on ne fait pas toujours ce que l'on veut… Tu m'entends ?

GWEN

Oui ! J't'entends parfaitement ! Arrête un peu de parler ça m'fera des vacances !

HÉLÈNA

Qui suis-je ?

GWEN

Comment ça, qui tu es ? Ça va la tête ?

HÉLÈNA

Réponds à ma question !

GWEN

Pourquoi répondre à une question stupide ?

HÉLÈNA

Réponds et ne pose pas de questions plus stupides que les miennes.

GWEN

Hélèna, tu es Hélèna Bréant ! Contente ?

HÉLÈNA

Mais encore ?

GWEN

Ma patronne.

HÉLÈNA

Exact ! Je suis bonne poire, mais ne t'avise plus de me parler comme ça ! Compris ?

GWEN

Pour te faire plaisir : « Oui, patronne. »... Si ta famille n'avait pas lâché l'affaire, tu ne serais pas patronne, alors.

HÉLÈNA

Aurais-je décelé une petite note de jalousie ?

GWEN

Moi, jalouse d'un tas de poison pourri ? Si j'travaille avec toi c'est parce que c'est cool.

HÉLÈNA

(Tout sourire.) C'est cool ou je suis cool ?

GWEN

Ça va ! T'es cool... *(Hélèna la regarde malicieusement.)* C'est bon, tu n'veux pas que je te le mette par écrit, quand même ?

Des pas rapides se font entendre dans les escaliers.

Une jeune femme entre.

HÉLÈNA

Pourquoi pas !... Allez, tu vas m'aider à décharger la voiture et après...

CASSANDRA

Vous avez assez de lumière ?

HÉLÈNA

Oui. Merci pour votre hospitalité.

CASSANDRA

De rien. Vous en auriez fait autant.

17

GWEN

(Soliloquant.) **Pas si sûr.**

HÉLÈNA

Vous habitez seule ?

CASSANDRA

Non, je vis avec ma sœur, Claire. Vous l'excuserez mais elle n'aime pas voir des gens. Elle est très solitaire.

GWEN

Pourquoi ?

CASSANDRA

Posez-lui la question. *(Une sonnette retentit.)* **Je crois que vous n'allez pas être les seules à squatter la cave familiale. Je reviens.**

Elle sort.

GWEN

(Elle la regarde sortir en grimaçant.) **Elle est conne ou quoi ? Comment pourrais-je lui demander si elle se planque ?**

HÉLÈNA

On ne traite pas la personne qui t'héberge de conne… *(Elles se regardent avec une pointe d'ironie.)* **Bon, je vais voir si je peux me rendre utile.**

Hélèna sort.

Gwen la regarde sortir. Puis, toujours assise sur le fauteuil, elle se met à bailler grossièrement.

Un homme entre.

Il est très en colère et jette son sac violemment sur le sol.

LUDOVIC

Putain, la salope !

GWEN

C'est qui la salope ?

LUDOVIC

Ma putain de meuf !

GWEN

Sympa le surnom.

LUDOVIC

(Il s'approche d'elle, rageusement.) **Elle m'a jeté ! Quel soir ? Le soir de la grande tempête du siècle !… Il y a trois cents soixante-cinq jours dans cette putain d'année et ça arrive quand !? Non. Pas un jour cool ! Pas la plus tranquille des nuits !… Non, ça serait trop sympa.** *(Il envoie un coup de pied dans un énorme ours en peluche qui traverse la pièce.)* **Ça arrive le jour de la fin du monde !**

GWEN

(L'air désinvolte.) **Ça pourrait être pire. Tu pourrais être sous un arbre.**

LUDOVIC

(L'air arrogant.) **C'est censé me remonter le moral ?**

GWEN

(Elle se lève.) **J'te connais depuis une minute ! Qu'est-ce que j'en ai à foutre que t'aies le moral ou pas ?**

LUDOVIC

Hé ! Comment tu me parles ! T'es qui, toi ?

GWEN

Gwendoline. Gwen pour les copains.

LUDOVIC

Gwen, va falloir que t'apprennes à parler !

GWEN

Oh ! Molo ! Pour les potes c'est Gwen, pour toi, c'est -mademoiselle-.

LUDOVIC

T'es bien comme ma meuf, toi.

GWEN

Eexxxx-meuf, mon coco ! *(Il la regarde, faisant mine de ne pas comprendre.)* Elle t'a largué, non ?

LUDOVIC

T'aimes bien enfoncer le couteau dans la plaie ?… ça t'fait jouir, hein ?

GWEN

Jouir !!? *(Elle rit.)* N'emploie pas des mots dont le sens réel t'échappe… Dans ton cas je n'enfoncerais pas seulement le couteau dans la plaie. Premièrement, ça ne serait pas un simple couteau de cuistot de merde. Pas assez douloureux pour un type de ton espèce. Ce serait un couteau du style au G.I. Tu sais, ceux avec les crans d'arrêt et tout et tout ! J'enfoncerais la lame dans ton bide et là, elle s'ouvrira en deux et puis je tournerais au moins dix fois… Un coutelas -ça comme- ! Cool, non ?

LUDOVIC
Tu es une grande malade ! J'suis où là ? Dans un asile ?

GWEN
J'y ai cru un moment quand tu es entré… J'crois qu'on est juste dans une maison habitée par deux pucelles effarouchées, dans un bled paumé, aux abords d'une autoroute -merdissimale-.

LUDOVIC
Si t'étais pas une saloperie de bonne femme j't'en collerais une. *(Il prend son sac.)* J'me casse !

GWEN
Pense aux arbres s'abattant sur ta misérable carcasse !

LUDOVIC
Pense plutôt à la foudre qui va te fermer ta grande gueule de têtard mal baisé.

Il sort.

Gwen arrête de sourire et regarde le plafond l'air inquiet.

GWEN
Mais pourquoi je m'inquiète ? Connard, toutes les maisons sont équipées d'un paratonnerre… Logiquement… Mais qu'est-ce que je suis bête. Y'a pas de tonnerre. Juste du vent. Aussi violent que ce pauvre type en plus.

Hélèna entre et dépose un grand panier sur la table.

Elle lui jette un regard accusateur. Gwen fait comme si elle ne la voyait pas. Hélèna s'approche d'elle, l'air sévère.

GWEN

Quoi !?

HÉLÈNA

Un type entre. Un type sort très en colère. Explication,
Gwen ?

GWEN

Parce qu'il faudrait que je fournisse des détails sur son état
d'esprit ?… Comment veux-tu que je sache ? J'le connais
pas moi ce type !

HÉLÈNA

Que lui as-tu dis pour qu'il se mette en colère ?

GWEN

Il l'était déjà en entrant, j'te signale !

HÉLÈNA

Et doublement en ressortant.

GWEN

Ah bon ? *(Elle éclate de rire.)*

HÉLÈNA

Laisse tomber ! Monte chercher le reste.

GWEN

Pourquoi ? Ça va puer le poisson !

HÉLÈNA

Tu as vu les arbres ployer sous la force du vent ? Si un de
ces arbres tombe sur la fourgonnette on perd tout.
Minimisons les dégâts. Sauvons le fruit de notre labeur.

GWEN

Je monte. Mais c'est n'importe quoi. Si la fourgonnette est écrasée, nous perdons de toute manière le poisson, car il va pourrir ici. Et à mon avis, le marché, c'est foutu pour aujourd'hui.

Elles se regardent pleines de compassion.

HÉLÈNA

(Elle effleure le panier tristement.) **Tu as raison. Mais c'est dur de se dire qu'on a payé ce poisson pour rien… Mais l'important c'est que l'on soit en sécurité.**

Cassandra entre chargée d'une bouteille d'eau et de gobelets.
Ludovic la suit.

CASSANDRA

Ne vous inquiétez pas, il y a de la place pour tout le monde.

Cassandra trébuche sur le nounours. Elle dépose tout sur la table et prend la peluche et la pose sur le divan.

LUDOVIC

Dommage !

Gwen lui fait un doigt d'honneur. Hélèna lui attrape la main en la réprimandant d'un regard appuyé. Ludovic ne les voit pas.

CASSANDRA

Je n'ai que de l'eau. Ça vous va ?

HÉLÈNA

Oui, c'est déjà bien aimable. Merci. Vous êtes adorable, Cassandra.

CASSANDRA

De rien, mais je ne fais que mon devoir.

LUDOVIC

Qu'est-ce qu'on sent ?… C'est quoi cette odeur !?

GWEN

Tes pieds !

LUDOVIC

J'te parle à toi ?

Gwen s'apprête à répondre. Hélèna lui plaque la main sur la bouche.

HÉLÈNA

C'est le poisson.

LUDOVIC

Le poisson ? Vous êtes allées pêcher du poisson cette nuit ?

GWEN

-Crétinoïde- ! *(En lui faisant un doigt d'honneur.)*

LUDOVIC

T'en veux une, sorcière ?

Elle se met dans la position d'un boxeur en sautillant sur ses pieds.

GWEN

Tu veux te battre ? Viens là que j't'éclate les burnes.

Ils se jettent l'un sur l'autre mais Cassandra s'interpose et les repousse.

CASSANDRA
Oh, oh ! J'ai affaire à des enfants ou quoi !?

GWEN
S'il y a un gosse ici, c'est lui.

CASSANDRA
La dernière fois que je me suis comportée comme ça, j'avais huit ans. Excusez-vous !

LUDOVIC
Et puis quoi encore !

Gwen se détourne d'eux et va bouder dans un coin. Cassandra et Hélèna se regardent d'un air malicieux. Tandis que Ludovic prône l'air satisfait.

La lumière s'éteint.

Scène 2

La lumière s'allume lentement.
Le vent est toujours aussi violent.

Gwen est assise dos au public, affalée sur un transat. Hélèna et Cassandra jouent aux cartes. Ludovic est allongé, bras en croix sur le sol bétonné. Après un instant, il se lève et hume l'air. Gwen l'observe d'un air méfiant. Il regarde du côté de la caisse à poissons. Il s'avance vers elle et soulève le couvercle.

GWEN

Eh ! C'est pas à toi !

Elle referme le couvercle violemment.

LUDOVIC

C'est pas à toi non plus !

GWEN

C'est mon travail ! *(Elle lui arrache rageusement le couvercle du cageot.)* **Touche à tes fesses !**

HÉLÈNA

Laisse-le, Gwen. De toute façon ils seront foutus dans pas longtemps.

GWEN

(Elle réfléchit.) C'est 40 francs la livre. Raboulles la monnaie !

HÉLÈNA

Gwen !

GWEN

J'plaisante ! De toute façon, faire un barbecue dans une cave, c'est pas conseillé.

CASSANDRA

Je vais monter en cuire là-haut. Ça va être sympa ! *(Hélèna ouvre le bac.)* Claire ?… Claire, ramène-moi un plat !… Claire !… *(Elle se dirige vers la porte.)* Claire, arrête tes enfantillages et descends nous rejoindre. C'est dangereux de rester là-haut !… Claire !

LUDOVIC

T'as pas une glace, Hélèna ?

HÉLÈNA

Si. *(Elle fouille dans son sac.)* Tiens.

Ludovic sort un peigne et commence à arranger sa coupe de cheveux. Puis il nettoie ses dents avec son doigt.

GWEN

C'est pas vrai ! C'est bien un mec. Lourdé dans la nuit. Chassant au p'tit matin.

LUDOVIC

T'es jalouse, hein ?

GWEN

P'tit con, j'préférais me faire un rhinocéros.

LUDOVIC

J'me disais bien que t'avais la tête à t'enfiler des bêtes à cornes.

GWEN

Péquenot !

LUDOVIC

Poufiasse !

Il continue à se mirer dans la glace l'air désinvolte.

GWEN

Connard !

LUDOVIC

Pucelle de mes couilles !

HÉLÈNA

C'est fini le ping-pong ?

LUDOVIC

Je viens de remporter la première manche.

CASSANDRA

Claire !!!

Gwen sursaute. Un bruit dans les escaliers se fait entendre.

GWEN

Oh là ! J'l'avais oubliée celle-là. J'ai failli avoir une crise cardiaque.

CLAIRE

Quoi !?

LUDOVIC

(Il resserre sa ceinture.) **Pas moi…** *(Il s'approche de Cassandra.)* **Eh, Claire ! Viens avec nous manger le poiscaille. Je sais, c'est pas terrible à sept heures du mat, mais bon, les nouvelles expériences sont toujours bonnes à tenter…** *(Il regarde Cassandra indécis.)* **Bon, bah ! Tant pis pour toi, Claire, on va se régaler sans toi. Hum ! Le bon poisson tout tendre.** *(Il s'avance vers la caisse en marchant bruyamment.)* **Allez hop, on va frire ces lascars !**

Un bruit se fait entendre.

Claire apparaît dans l'encadrement de la porte.

Elle tient un plat en verre affublée d'un air intimidé. Elle est très corpulente. Presque obèse.

GWEN

Ludo, tu devrais…

HÉLÈNA

Tu te tais Gwen !

GWEN

Ok, chef.

Il se mire de nouveau dans la glace. Il voit le reflet de Claire dans le miroir. Il se retourne et marque un temps. En sourdine.

LUDOVIC

C'est clair qu'elle ne pouvait pas être canon, Claire ! *(Il rit.)* Claire, c'était clair, c'est une rime, non ?

CLAIRE

(Elle s'avance craintivement.) **Bonjour.**

HÉLÈNA

Bonjour, Claire. *(Elle lui sert la main chaleureusement. Hélèna fait une grimace tant la poignée de main de Claire lui broie les os.)* **Le poisson est là. Je vais vous aider à le cuire.**

CLAIRE

Nous pouvons le faire à la poêle.

HÉLÈNA

Vous avez de la farine ?

CASSANDRA

Oui, bien sûr. Qu'est-ce que c'est comme poisson ?

HÉLÈNA

C'est le panier de limandes.

CLAIRE

Waouh ! Qu'est-ce qu'elles sont grosses !

LUDOVIC

(En aparté.) **Pas tant que toi !**

Gwen fronce les sourcils.

CASSANDRA

Une part par personne suffira. Allez, hop ! Dans le plat !

HÉLÈNA

A tout de suite !

CASSANDRA

Nous faisons vite.

Elles sortent.

Un silence se fait. Gwen marche lentement autour de Ludovic qui s'est assis à même le sol, la tête baissée, l'air dépité. Elle sourit.

LUDOVIC

Tu vas jouer la toupie encore longtemps ?

GWEN

Exact, exact, exact.

Elle continue à tourner.

LUDOVIC

Quoi, quoi, quoi !?

GWEN

Elle te chatouille le postérieur, Claire ?

LUDOVIC

Tu te fous de moi ? Et puis c'est quoi cette expression débile ?

GWEN

C'est pas moi qui me nettoyais mes quenottes, il y a pas cinq minutes. Les femmes potelées ne sont pas assez bonnes pour toi ?

32

LUDOVIC

T'appelles ça potelée, toi ? Elle est ignoble !

GWEN

Non, juste obèse. Toi t'es du genre à croire que les filles qui nagent à Malibu sont réelles.

LUDOVIC

Ma nana, elle est bonne ! Meilleure que Pamela Anderson.

GWEN

Ben, voyons ! J'savais bien que t'étais mytho.

LUDOVIC

Tu n'me crois pas !? *(Il se lève et sort son portefeuille et lui tend une photo.)* Mate ! T'as vu les nibards. Et en plus ils sont vrais !

GWEN

Ça se voit ! Le maillot de bain les aplatit.

LUDOVIC

(En souriant niaisement.) Ils ont dû casser le moule à sa naissance.

GWEN

Dommage qu'ils n'aient pas pensé à casser le tien. Ça aurait été le plus grand pas de toute l'histoire de l'humanité de rayer de la surface de la terre des types comme toi. Et à mon avis c'est du 85 B à tout casser… Mytho !

LUDOVIC

Tu dis n'importe quoi ! Et puis qu'est-ce que tu connais des nénés ?

GWEN

Mon statut de femme fait de moi le meilleur parti pour en parler.

LUDOVIC

Tu crois ça ?… Combien t'as tâté de nibards pour évaluer la taille des seins de ma gonzesse ?

GWEN

Les miens depuis vingt-six ans. Je crois que c'est largement suffisant pour l'expérience.

LUDOVIC

A vue d'œil, j'dirais que t'as deux pois chiches sur le torse. Alors, la ferme !

GWEN

Mytho !

LUDOVIC

Pois chiche !

GWEN

Mytho !

LUDOVIC

Pois chiche !

GWEN

Mytho !

LUDOVIC

Quoi, mytho !? Tu veux que j'appelle ma gonzesse ? Tiens ! *(Il sort son portable et recherche le numéro.)* Mince, ça

grésille. *(Gwen lève les yeux au ciel. Il essaie plusieurs fois.)* Ça y est, ça sonne. Waouh !... Emilie, c'est moi !... Quoi, pourquoi j't'appelle ?... Quoi, l'heure ?... Ah bon, sept heures du mat ?

GWEN

Et en plus ça fait semblant de ne pas savoir !

LUDOVIC

Ferme ta gueule, pétasse !... Non, chérie, c'est pas à toi que je parle... Mais non, c'est pas une femme... Oh ! Tu vas pas commencer à m'faire une crise ! A qui la faute si j'suis là ? Alors ta scène de jalousie, hein !... Ma faute ! *(Il bouche le combiné avec sa main tout en l'écoutant et s'adresse à Gwen.)* Tu te rends compte ? Je pourrais être mort à cette heure-là. Aucune pitié... *(Il reprend le combiné.)* Tu t'inquiètes même pas pour moi ?... Ok. J'peux quand même te poser une question ?... Bien sûr qu'elle est intelligente. Tu m'as pris pour qui ?... *(Le ton charmeur.)* C'est quoi la taille de tes jolis big seins ?... *(Il semble consterné et étonné.)* Elle m'a raccroché au nez, la salope.

GWEN

Au moins elle est sensée. Je commençais à me demander quelle fille avait pu se fourvoyer avec toi.

LUDOVIC

Fourvoyer ?

GWEN

Regarde dans le dico. On apprend à chercher dedans en primaire. Bien que je doute que tu sois allé jusqu'à ce stade.

LUDOVIC

Je sais très bien ce que ça veut dire -fourvoyer-, mais dans ta bouche ça sonne faux. J'ai l'impression que tu relèves les mots intelligents des livres pour les placer dans une conversation civilisée.

GWEN

Je doute de la civilité de nos propos. Par contre je suis super choquée que tu prennes -fourvoyer- pour un mot intelligent. Enfin, quand je dis choquée, c'est pour rire. Je me doute bien que ton vocabulaire ne vole pas très haut. T'as une tête qui s'y prête largement.

Elle le nargue du regard.

LUDOVIC

Heu, l'autre !

Claire, Cassandra et Hélèna reviennent.

Elles déposent le plat et les assiettes sur une table. Ludovic les regarde faire. Gwen l'observe malicieusement. Elle revient vers lui lentement.

GWEN

On enterre la hache de guerre si tu me prêtes ton portable que j'essaie d'appeler un pote.

LUDOVIC

T'as pas de portable ? *(Elle fait un signe négatif de la tête.)* Mais d'où est-ce que tu sors ? Tu vis en rase campagne ou quoi ?

GWEN

Si tu continues j'vais te fracasser ta grande gueule avec ton portable de merde !

LUDOVIC

Essaye un peu pour voir ?

Elle lui arrache le portable des mains et le jette violemment sur le sol. Ludovic s'agenouille pour voir les dégâts. Puis il la regarde avec haine.

GWEN

(Nullement intimidée.) **Désolée, ça m'a échappé !**

LUDOVIC

J'vais te massacrer, salope !

HÉLÈNA

(Hélèna s'interpose.) **Ludovic, vous ne résoudrez rien en la frappant. Vous seriez en tort devant la loi.**

LUDOVIC

C'est moi qui suis en tort !? Elle vient de me ruiner mon portable !

HÉLÈNA

Elle va vous le rembourser !

GWEN

Et puis quoi encore !

HÉLÈNA

La ferme, Gwen ! Tu ne peux pas agir ainsi en toute impunité.

GWEN

Ok !… On bouffe ? Cette petite escarmouche de mots m'a mise en appétit. *(En faisant un clin d'œil à Ludo.)* Ça c'était vraiment piqué dans un roman, je crois… Hum, quelle bonne odeur ! C'est combien de poissons par personne ?

CASSANDRA

Un, je pense que ça suffira.

LUDOVIC

Pas pour tout le monde.

HÉLÈNA

Tu parles pour toi, Ludovic ?

LUDOVIC

Pas vraiment, mais je vais fermer ma gueule pour une fois.

Il ramasse, l'air dépité, les morceaux de son portable.

La lumière s'éteint.
Le vent se fait plus fort.

<h1 style="text-align:center">Scène 3</h1>

> *La lumière s'allume lentement.*
> *Toujours le vent en toile de fond.*

Hélèna, Cassandra et Gwen jouent aux cartes.
Claire est assise sur un cageot. Elle mange des chips. Ludovic la regarde, l'air dégoûté.

> *Le vent devient plus violent.*
> *La lumière clignote.*

HÉLÈNA

Gwen, passe-moi ton coupe-ongles s'il te plait.

Gwen se lève et prend son manteau. Elle entend le vent et prend un air inquiet. Sans regarder sa poche, elle en tire son coupe-ongle en faisant tomber sa carte d'identité. Elle repose son manteau et ramène l'objet à Hélèna.

GWEN

La maison est solide ?

CASSANDRA

Construite au début du siècle. Cent pour cent pierre de Meulière.

GWEN

C'est fou ce que je me sens rassurée.

La lumière se stabilise.

Claire prend un paquet de bonbons et en mange sous l'œil agacé de Ludovic. Elle s'assoit à côté de Cassandra qui lui jette un regard noir. Claire se détourne d'elle pour bien lui signifier qu'elle n'a rien à lui dire.

CASSANDRA

Vous qui êtes plus âgée que nous, avez-vous déjà vu une tempête de ce genre ?

HÉLÈNA

Non… Je crois que ce n'est même jamais arrivé. Et merci d'avoir insisté sur le fait que mon âge est proche de la sénilité.

CASSANDRA

De rien, ce fut un plaisir.

HÉLÈNA

N'en rajoute pas, gamine si tu tiens à la vie.

Elles rient. Puis Cassandra voit sa sœur manger de plus belle. Elle pose brutalement sa main sur le paquet de bonbons. Mais Claire tire dessus pour le récupérer.

CASSANDRA

Bref, on est en train de vivre un évènement historique, alors ? Hein, Claire ! *(En lui lançant un regard pugnace.)*

LUDOVIC

Ouais ! Et on va tous crever ici. Y'a peut-être un arbre gigantesque qui s'abattra sur la maison et nous mourrons tous, écrasés… C'est marrant, non ? On est tous nés dans des endroits différents et nous voilà unis dans la même destinée.

GWEN

Ouais, c'est à se fendre la gueule. C'est fou ce qu'on s'amuse avec toi. C'est sûr, ta nana doit s'éclater d'enfer avec toi.

Claire se lève et s'approche de Ludovic.

CLAIRE

Dis pas n'importe quoi. Tiens prends-en un. Ça te remontera le moral.

Elle lui sourit chaleureusement.

LUDOVIC

Non, merci.

Elle le pousse gentiment. Ludovic, sous la pression de la main de Claire, est rejeté en avant.

CLAIRE

Allez ! Te gêne pas.

Il commence à s'énerver, mais garde néanmoins son sang-froid.

LUDOVIC

N'insiste pas.

Elle continue à lui administrer une tape amicale à chaque fois qu'elle s'adresse à lui.

CLAIRE

Rien qu'un ! Après on peut plus s'arrêter.

Elle lui met le paquet sous son nez.

LUDOVIC

Justement.

CLAIRE

Allez, ne fais pas le difficile !

Ludovic est de plus en plus exaspéré.

LUDOVIC

J'ai l'air de faire le difficile ?

CLAIRE

Ben, oui ! Un peu quand même. Allez, laisse-toi tenter par ces couleurs et ces formes chatoyantes et tendres.

LUDOVIC

Alors, celle-là c'est la meilleure.

CLAIRE

Tenté ?

LUDOVIC

Je crois que je vais faire une crise de nerfs.

CLAIRE
Justement, les bonbons ça calme.

Il se lève rageusement en parlant violement.

LUDOVIC
J't'ai dis que j'en voulais pas. Tu sais pourquoi ? Parce que rien que d'te voir t'empiffrer comme ça, ça m'dégoûte ! Ça m'fait gerber. -Capisci- ?

Tout le monde le regarde, surpris et offusqué d'une telle réaction. Claire reste sans voix. Les larmes lui viennent aux yeux. Elle laisse tomber le sac de bonbon sur le sol.

GWEN
Bon ! Je crois que je vais voir si les volets tiennent.

HÉLÈNA
Reste ici, Gwen.

GWEN
Très bien. C'était juste histoire de voir si l'autre tempête était moins -furax-.

CASSANDRA
Comment oses-tu parler ainsi à ma sœur ?

LUDOVIC
Elle m'a tendu la perche.

CASSANDRA
T'es vraiment un beau salaud. Excuse-toi immédiatement !

LUDOVIC

M'excuser de quoi !? D'avoir été le seul à avoir osé lui dire d'arrêter de s'empiffrer comme une truie ? Allez, je vais voir si là-haut ça s'est calmé.

Ludovic sort.

Un silence pesant s'installe. Claire s'assoit sur le tabouret prêt des cageots, l'air abattu. Cassandra ramasse le paquet de bonbons. Elle met les bonbons qui parsèment le sol dans la poubelle. Elle semble chercher ses mots.

CASSANDRA

Ça va, Claire ?

CLAIRE

A ton avis ?… Ce salaud m'a coupé l'envie de manger.

GWEN

(Chaleureusement.) Eh ben, c'est au moins un point positif.

CLAIRE

Il faudrait que je rie !?

GWEN

M'est avis que l'ambiance dégringole.

CASSANDRA

S'il n'y avait pas cette tempête, je l'aurais viré de chez nous.

GWEN

Moi, j'ai flairé la merde à l'instant où il est entré. Mais personne ne m'écoute.

HÉLÈNA

N'en rajoute pas.

GWEN

T'as raison, ça pue déjà le crottin de cheval… Allez, Claire, ne déprime pas. Cette espèce d'homme n'a aucun goût.

CLAIRE

Et le commun de cette espèce pense que je suis grosse et laide.

GWEN

Je te trouve jolie, moi.

CLAIRE

Mais je suis grosse !

GWEN

T'es grosse et alors ?

CLAIRE

Comment ça et alors ?

GWEN

Tu te masturbes l'esprit. T'as qu'à utiliser -Slim-fast- au lieu de faire chier ton monde.

Cassandra et Hélèna se regardent offusquées.

CLAIRE

Tu es dégueulasse.

GWEN

Quoi ? C'est moi qui suis dégueulasse ? J'vais te dire, avec un peu de jugeote, ton problème peut être résolu. Tu peux te trouver un régime remboursé par la Sécu. Tu vois, ce que je trouve encore plus dégueux, c'est que la Sécu ne déboursera pas un centime pour que je me fasse ravaler la façade ! C'est moi qui suis à plaindre, pas toi. Tu es grosse, je suis laide, point barre. Dans tous les cas de figures, les hommes ne veulent pas de nous. On se serre la pince en virant la déprime. Ce n'est pas elle qui doit faire la loi. Ok !?

CLAIRE

Ok.

GWEN

Qu'est-ce que c'est que cet -ok- de chochotte ? C'est une exclamation que je veux entendre !

CASSANDRA

Allez, grande sœur !

CLAIRE

(Sourire.) Ok.

GWEN

Encore plus -punch- !

CLAIRE

Ok !

GWEN

Ouais ! Dans le mille celui-là.

Elles rient en chœur.

Ludovic entre.

Il est étonné de les entendre rire. Claire baisse la tête en le voyant. Gwen lui relève le menton en lui souriant chaleureusement. Puis Claire fait de même en se levant. Elle chantonne en passant à côté de Ludovic. Elle porte un bonbon à sa bouche en le mastiquant bruyamment tout en le regardant. Ludovic fait semblant de ne pas la voir.

LUDOVIC

La tempête est au plus fort.

HÉLÈNA

Tant pis. Finalement on passe un bon moment ici.

LUDOVIC

Ça vous amuse de m'enfoncer ?

HÉLÈNA

C'est nous qui t'enfonçons ?

CASSANDRA

Pauvre chou ! *(En lui tapotant la joue.)*

LUDOVIC

Vous faites tout pour que je ne me sente pas à ma place ici.

HÉLÈNA

Tu inverses les rôles, je crois… Veux-tu parler de tes problèmes ?

LUDOVIC

J'ai pas d'problèmes !

GWEN

Alors là, ça craint !

LUDOVIC

La ferme !

*Gwen s'apprête à répondre mais Hélèna l'agrippe et lui met la
main sur la bouche. Elle se débat en essayant de parler. Mais
aucun mot n'est audible.
Ludovic croit entendre un bruit à l'étage.*

LUDOVIC

Vous avez entendu !?

HÉLÈNA

J'ai rien entendu.

CASSANDRA

Moi non plus.

CLAIRE

Tous les volets ont été fermés, pourtant.

LUDOVIC

Je vous l'avais dit…

GWEN

Toi tu la fermes ta gueule, ou sinon, ta gueule je l'arrache,
je la prends et on te la met dans le jardin et t'expliqueras ta
life au vent.

CASSANDRA

De préférence près d'un arbre !

CLAIRE

Et si c'était un tueur sanguinaire qui tentait de rentrer chez
nous ?... Mon Dieu ! Et s'il nous tuait ?

LUDOVIC

Je crois que son cerveau a oublié de gonfler avec le reste !
Eh, j'viens d'avoir une idée géniale pour la télé !

GWEN

Pitié, non !

LUDOVIC

Ils sont dix obèses enfermés dans une friteuse géante. Leur
but : -Maigrir- Deux cent mille caméras, vingt mille micros
pour que vous ne perdiez rien de leurs pets nauséabonds.
Mieux encore, pour que vous ne perdiez pas une goutte de
gras écoulé. « The big potatoes show ! ». Dans trois mois il
ne restera plus qu'une planche à repasser. Le prix, un
voyage en Grèce !

CASSANDRA

Un tueur, sodomite de surcroît, serait bien finalement. Hein
Ludo ? *(Elle lui administre une tape sur la fesse.)*

HÉLÈNA

Bon, il faut aller voir si une fenêtre est cassée.

LUDOVIC

Bien, sans moi.

HÉLÈNA

Les hommes ne sont plus ce qu'ils étaient.

Elle sort suivie de Gwen et de Cassandra.

LUDOVIC

C'est pas moi qui ai voulu l'émancipation. Assumez
maintenant !

CLAIRE

En tout cas ça t'arrange bien.

LUDOVIC

Ça ne t'arrangerait pas toi si t'étais un mec !?

CLAIRE

Eh, tu prends un autre ton avec moi ! Ou sinon j'te jette de chez moi, et t'expliqueras à la tempête l'émancipation !

Elle s'approche de lui, l'air menaçant. Ludovic en fait de même, l'air vindicatif.

LUDOVIC

Essaye un peu et j'porte plainte pour non-assistance à personne en danger.

CLAIRE

Faudrait d'abord que tu survives, mon coco !

LUDOVIC

Eh bien, juste pour te faire chier : chiche que je survive !

CLAIRE

T'es vraiment un pauvre con !

LUDOVIC

Et toi tu es vraiment une grosse vache ! Une big, the big potatoes ! Faudrait que je n'aie pas de gonzesse pendant… au moins dix-huit mois pour que j'ai envie de te troncher ; et encore, juste pour me soulager. Extinction des feux et une cagoule sur ta tronche, histoire que je ne fasse pas de cauchemars.

Elle lui envoie une énorme baffe. Il tombe violemment sur le sol.

Les filles entrent.

CASSANDRA

Non mais, ça ne va pas !

Elle se précipite vers eux suivie d'Hélèna, tandis que Gwen pouffe de rire.

GWEN

C'est quoi c'délire ?

HÉLÈNA

Qu'est ce qui se passe ici ?

Ludovic se lève et veut se jeter sur Claire. Cassandra s'interpose.

CASSANDRA

On vous laisse cinq minutes et c'est la guerre mondiale.

CLAIRE

C'est lui qu'a commencé !

LUDOVIC

Non, c'est elle !

CLAIRE

C'est pas vrai !

LUDOVIC

Menteuse !

CLAIRE

P'tit con !

51

LUDOVIC

Cachalot !

CLAIRE

Déchet radioactif !

LUDOVIC

Pétasse volumineuse !

GWEN

Et ça a trente ans !

LUDOVIC

Ferme ta gueule, toi !

HÉLÈNA

Hé ! Tu parles autrement à une femme.

LUDOVIC

Y'en a ici ?

GWEN

Merci, Hélèna.

CLAIRE

Il m'a traitée de grosse !

LUDOVIC

Regarde-toi. T'en es une de grosse !

CASSANDRA

C'est pas une raison pour que tu parles à ma sœur ainsi ! S'il n'y avait pas la tempête, je te mettrais dehors sans sommation… Va te mettre dans un coin et restes-y !

LUDOVIC

Je ne souhaite qu'une chose. Que la tempête se calme pour me casser !

Il va s'asseoir dans un coin sombre.

GWEN

Bravo pour la tarte.

CLAIRE

Moi, je ne suis pas fière de ce que j'ai fait. Je ne me suis jamais comportée ainsi avec un être humain.

GWEN

J'te rassure. Ce n'est pas un être humain.

CLAIRE

Si lui n'en est pas un, alors moi non plus !... *(La mine boudeuse elle regarde Cassandra.)* Je veux rester ici !

CASSANDRA

Claire, ce n'est pas le moment.

CLAIRE

Ce n'est jamais le moment !... *(Elle pleure)* Je ne veux pas vendre la maison.

Gwen et Hélèna se regardent sans comprendre.

CASSANDRA

On était pourtant d'accord hier ?

CLAIRE

Parce que tu avais réussi à m'amadouer ! Je ne veux pas partir d'ici. Dehors c'est l'horreur pour moi !

Gwen se met dans un coin en comprenant que la situation vient de prendre une tournure dramatique.

CASSANDRA

Non, dehors c'est beau. Il y a des tas de choses à voir.

CLAIRE

Pour toi, pas pour moi !

CASSANDRA

Mais toi et moi c'est pareil ?

CLAIRE

Ça n'a jamais été pareil !… Toi, quand tu passes dans la rue on ne te regarde pas avec dégoût… Tout le monde a envie de te parler. Moi tout le monde prie pour que je ne leur adresse pas la parole.

CASSANDRA

Qu'est-ce que tu en sais ?

CLAIRE

Je le vois dans leurs yeux. Je sens leurs silhouettes se retourner après mon passage… Ils m'épient quand ils croient que je ne les vois pas… Toi, tu vas partir et me laisser. Tu vas parcourir le monde, te faire des amis. Tu ne penseras plus à moi.

CASSANDRA

C'est faux !

CLAIRE

C'est ce que tu dis maintenant. Mais quand tout sera beau pour toi, quelle raison auras-tu de venir me voir ?

CASSANDRA

Tu es ma sœur, mon unique sœur. C'est une raison suffisante... Il n'y a pas si longtemps, je... J'avais parfois honte de me promener avec toi. Je ne nierai pas ça. Je ne suis pas fière de moi... Mais j'étais jeune, influencée par le regard des autres. Maintenant, tu es mon unique famille... Et... Claire, tu as raison... Il y a trop de regards dans cette ville.

CLAIRE

De regards ? C'est bien ce que je dis. Tout le monde me regarde !

Elle se remet à pleurer de façon excessive.

CASSANDRA

Non ! Je parle pour moi ! Ici c'est l'horreur pour moi aussi !

CLAIRE

Pourquoi ? Tu ne t'habilles pas en cinquante-deux toi ! T'es plate comme un œuf !

CASSANDRA

Écoute-moi ! Y'a pas que toi qui souffres dans ce monde !... Je suis lesbienne. Et, et... Je veux pouvoir assumer cette différence. Ici ce n'est pas possible. Tout le monde se connaît. Tout le monde se surveille !... Je veux vivre à Paris et sortir main dans la main avec la femme que j'aime sans avoir peur du regard accusateur.

LUDOVIC
On nage en pleine tragédie grecque.

CLAIRE
T'en veux une autre ?

LUDOVIC
Non, merci. J'ai donné en ce si bon matin. *(Après un regard chargé d'émotion, Claire sort précipitamment.)* **Bon débarras !** *(Cassandra s'avance rageusement et lui met deux claques.)* **Putain, la salope !... Merde !**

Gwen pouffe de rire.

Cassandra fait volte-face et rejoint Claire à l'étage.

GWEN
Ton vocabulaire n'a pas évolué depuis que je te connais.

HÉLÈNA
(Elle siffle.) **Ça cogne dur ici, Ludo ! À ta place je la mettrais un peu en veilleuse. Conseil d'ami.**

Il voit la carte d'identité de Gwen et la ramasse. Il lit le nom.

LUDOVIC
Samia ? *(Puis il regarde Gwen, l'air étonné.)* **T'es arabe ?**

GWEN
C'est quoi ce bled ? J'aurai du présenter ma -race- avant ? T'as jamais vu de reubeu ou quoi ? *(Hélèna pouffe de rire.)* **Pourquoi tu ris toi !? Tu n'devrais pas être de mon côté ?**

HÉLÈNA

Sur ce coup-ci, je ne suis d'aucun côté. Mais pour t'informer, je ne riais que pour le mot race. Employé bien souvent à mauvais escient. Il n'y a pas plusieurs races d'humain. Il n'y en a qu'une. Donc, lui et toi, vous êtes de la même race, que ça te plaise ou non… Vu ta tête, je compatie.

Gwen revient vers lui. Ludovic tape du pied sur le sol à la manière d'un toréador.

GWEN

Donne-moi ça, connard !

LUDOVIC

Il n'y a pas beaucoup d'arabes où j'habite. Par contre il y a beaucoup de putains.

Elle lui fait une grimace. Il la nargue en mettant la carte hors de sa portée. Elle saute pour la récupérer, sans y arriver. Il finit par la balancer par terre.

LUDOVIC

Olé !

GWEN

Hélèna, pour l'amour de Dieu, laisse-moi lui exploser la gueule

Claire entre précédée de Cassandra.

CASSANDRA

Tu restes là et on ne discute plus ! Y'en a marre maintenant de vos gamineries !

Claire s'assoit boudeuse dans un coin. Gwen s'approche d'elle.

57

HÉLÈNA

Ludo, ma glace !

LUDOVIC

Tiens, j'allais pas te la manger.

GWEN

Je peux partager ton cageot ?

CLAIRE

Y'a des chaises là-bas.

GWEN

Oui, mais j'ai flashé sur ton cageot. C'est vrai, je n'avais jamais vu un cageot rose. Quelle bonne idée de le peindre en rose façon Jane Mansfield.

LUDOVIC

Manquait plus qu'elle la compare à cette bombe sexuelle.

GWEN

Oh, Ludo !?... Camembert !

LUDOVIC

Putain, j'y crois pas. J'disais ça quand j'avais cinq ans. Et c'est moi qu'on traite de gamin attardé.

CASSANDRA

Vire là-bas Ludovic, avant que je m'énerve vraiment.

LUDOVIC

Ok !

GWEN

Le regarde plus, Claire. C'est un pauvre type… Reprenons l'histoire de nos cageots… Chouette la couleur ! J'vais t'dire un truc. Si sur le marché les cageots avaient cette couleur, personne ne tirerait une tronche d'enterrement. D'ailleurs celle que tu tires y ressemble.

Ludovic sort une photo de sa veste.

CLAIRE

Voilà pourquoi un cageot rose ne rend pas heureux.

GWEN

Merci de me rembarrer.

CLAIRE

Désolée. Mais j'ai la haine après ce que j'ai encaissé tout à l'heure !

GWEN

T'en as pas pris plus que moi. Je ne sais pas si tu as entendu ce qu'il m'a dit tout à l'heure mais c'était pas jojo. Et puis, tu sais, la grosseur est appréciée dans certaines ethnies.

CLAIRE

Je n'ai pas envie de crécher au Pérou !

GWEN

Sans aller aussi loin, il y a les Arabes… Tu sais, mes frères aiment bien les filles un peu… Voyons voir… Nous, les Arabes, on est restés très vieille France. Les mecs aiment la chair… Les femmes un peu charnues, quoi… Faut pas en faire un complexe. Tu sais, à la télé, les mannequins ont l'air canon ; mais quand tu les vois, sans maquillage, habillées comme nous, elles sont plus que banales. Y'a rien à peloter !

59

Ce n'est pas intéressant pour un mec… Pourquoi tu me regardes comme si j'avais dit une connerie ?

CLAIRE

Tu te moques de moi ?

GWEN

-Croix de bois, croix de fer, si j'mens j'vais en enfer-. J'te dis la vérité ! J'crache si tu veux ?

Elle se racle la gorge.

CLAIRE

Non, surtout pas !

GWEN

J'plaisante. J'suis civilisée. Qu'est-ce que tu crois ?

CLAIRE

(Elles rient. Puis, elles se regardent avec émotion.) Merci Gwen. Tu m'as remonté le moral.

GWEN

De rien. *(Elle se lève en soliloquant.)* On en dit des conneries pour remonter le moral à une dépressive comme moi.

CASSANDRA

Je vais aller écouter la radio. Tout à l'heure elle fonctionnait plus. Mais peut-être que maintenant ça marche.

GWEN

Pourquoi tu ne l'as pas descendue ? On pourrait danser un peu.

CASSANDRA

Parce que c'est une très vieille chaîne.

GWEN

Ok, j'ai compris. Le dinosaure de la Hi-fi qui pèse trente kilos !

CASSANDRA

Exact.

Elle s'apprête à sortir avec Hélèna.

GWEN

Eh ! Je peux venir ? J'ai un C.A.P. d'électromécanicienne. Ça peut peut-être servir.

CASSANDRA

Ok ! Tu crois qu'on peut les laisser tous seuls ces deux-là ?

HÉLÈNA

Ce serait même préférable.

CASSANDRA

T'as raison Hélèna. Sûr, quand on revient ils vont être à ronronner comme des chats en chaleur.

GWEN

Ça se pourrait bien, Cassy !

CASSANDRA

Cassy ? Ça devient intime entre nous, baby !

GWEN

Je pense que nous avons plus de points en commun que nous l'aurions pensé au départ.

CASSANDRA

Comme quoi ?

GWEN

J'te laisse deviner. *(Elle la regarde d'un air charmeur.)* **Allez, venez !**

Elles sortent.

LUDOVIC

Bande de gouinasses ! *(Claire fait comme si elle n'avait rien entendu. Puis, Ludovic regarde la photo de sa copine avec tristesse et nostalgie. Claire l'observe. Ludovic s'en aperçoit. Il range la photo, gêné.)* Ça doit te réjouir de savoir que ma nana m'a largué ?

CLAIRE

(Elle va s'assoir à table et fait une Réussite.) Je ne suis pas comme toi, moi. Je n'ai pas l'habitude de me réjouir du malheur des autres.

LUDOVIC

(Après un instant.) Je suppose que je te dois des excuses !

CLAIRE

Tu ne me dois rien. Enfin, pas si tu n'en ressens pas la nécessité.

LUDOVIC

C'est encore moi le méchant ogre pétri de vanité.

CLAIRE

C'est toi qui t'es donné ce rôle.

Il détourne son regard, gêné. Après un instant il ose la regarder. Claire reprend sa Réussite. Il s'assoit à table, à ses côtés.

LUDOVIC

Je peux te poser une question ?

CLAIRE

Si cela concerne mon poids, non.

LUDOVIC

Non. C'est au sujet de la maison… Pour quelle raison tu ne veux pas la vendre ?

CLAIRE

(Elle baisse la tête et ne dit mot pendant un instant. Elle relève la tête et regarde Ludovic.) **Papa est mort il y a trois mois… Il nous a tout légué… Maman est décédée quand nous étions petites. J'avais sept ans… Cassandra ne se souvient pas d'elle. Elle avait deux ans. Alors tu sais, papa a beaucoup compté pour elle. C'était même sa préférée… Je ne lui en veux pas. C'est comme ça. Je pense que tous les parents ayant plusieurs gosses en ont un qui leur apporte plus de bonheur. Tu ne crois pas ?**

LUDOVIC

J'en sais rien. Je suis fils unique. J'ai toujours eu beaucoup d'amour autour de moi.

CLAIRE

Eh ben ! Ça ne se voit pas trop.

LUDOVIC

J'ai été gâté-pourri, c'est pour ça… Pourquoi tu ne veux pas partir d'ici ?

CLAIRE

Je l'ai dit, non ?

LUDOVIC

Ouais, tu ne veux pas qu'on te voit... C'est stupide comme raison. Même si moi je ne peux pas saquer les grosses et les gouines, d'autres peuvent les aimer. Je ne suis pas une exception et les hommes qui aiment les grosses n'en sont pas non plus... J'ai visité les States plusieurs fois et je peux te dire que là-bas tu serais dans ton élément. Il se peut même que tu te trouves svelte tellement les gens sont énormes dans ce pays... C'est une idée d'aller vivre là-bas, non ?

CLAIRE

Je ne pense pas qu'on puisse vivre dans ce pays comme ça.

LUDOVIC

Fais fille au pair. Tu parles Anglais ?

CLAIRE

Vraiment très peu. Et puis de toute façon je n'ai pas envie de m'expatrier.

LUDOVIC

Ce n'est pas partir pour toujours. Juste histoire de te retrouver et briser la routine.

CLAIRE

Si je partais là-bas, ça permettrait à Cassandra de réaliser son rêve, d'habiter Paris et d'y travailler.

Elles reviennent.

64

LUDOVIC

Où que tu ailles, quoi que tu fasses, fais-le avant tout pour toi.

GWEN

C'est l'entente parfaite, dites donc ?

LUDOVIC

C'est qu'une apparence. On se hait au plus haut point. *(Il fait un clin d'œil à Claire avant de se lever.)* **Alors, la radio annonce quoi ?**

CASSANDRA

C'est catastrophique. La tempête détruit tout sur son passage. Ils disent que les vents atteignent parfois les cent soixante kilomètres heure. Le soleil est en train de poindre, nous pourrons alors nous rendre compte de l'étendue des dégâts.

CLAIRE

J'ai l'impression que nous avons passé le pire.

HÉLÈNA

Oui, mais bien que le vent se soit vraiment calmé, le téléphone ne fonctionne pas encore. Ce qui est dingue, c'est que nous n'ayons pas eu de coupure d'électricité.

GWEN

Ne parle pas trop vite, ce n'est pas encore fini.

LUDOVIC

On est bien le vingt-six ?

CASSANDRA

Exact. Le vingt-six décembre 1999.

LUDOVIC

A l'aube de l'an 2000… Vous savez qu'on l'appelle aussi l'an mort.

CASSANDRA

Mort… M.O.R.T. ?

LUDOVIC

T'en connais d'autres mots comme ça dans le dico ?

HÉLÈNA

Ca y est. Ça va encore dégénérer.

LUDOVIC

Ça dégénère que quand ta gueularde s'en mêle.

GWEN

C'est de moi que tu parles !?

LUDOVIC

Tu te sens visée, grognasse ?

GWEN

Va te faire foutre !

LUDOVIC

Et toi, par ton rhinocéros !

HÉLÈNA

Oooohhhh ! On se calme.

Ludovic et Gwen se regardent avec agressivité.

CASSANDRA

Continue ton histoire, Ludo.

LUDOVIC

J'en étais où, au fait ?

GWEN

Et en plus ça a un pois chiche à la place du cerveau !

CLAIRE

Tu en étais à l'an mort. Explique ?

LUDOVIC

L'an mort, c'est l'an 2000… *(Tous le regardent étonnés. Il se sent fier de lui.)* Qu'est-ce qu'il y a après l'an 2000 ?… C'est une date charnière. L'an 2000 c'est la fin. Il n'y a plus rien après l'an 2000.

GWEN

Si : *2001, l'odyssée de l'espace.*

Elle rit en chœur avec Cassandra.

LUDOVIC

Pas pour Nostradamus… Combien d'hommes ont prédit la fin de toute vie pour 2000 ?… Allez, répondez. N'ayez pas peur de les citer.

CASSANDRA

Comme l'histoire, ce n'est pas mon truc, je vais préparer du café !

LUDOVIC

Non, reste ! Si ça se trouve, c'est notre dernier souffle de vie.

CASSANDRA

Ah ouais ?

Elle éclate de rire. Gwen reste stoïque.

GWEN

Le tien peut-être, mais pas le nôtre !

LUDOVIC

Réfléchissez ! On est le vingt-six décembre de l'an de grâce 1999. Cinq jours nous séparent de 2000. *(Il est tout sourire.)* Dieu a créé la terre, les étoiles et tout et tout en cinq jours.

CLAIRE

Non ! En six jours, et le septième il s'est reposé.

LUDOVIC

Cinq jours, le sixième c'était notre création.

CASSANDRA

Notre création ?

LUDOVIC

(Arborant un large sourire satisfait.) Moi !

GWEN

Il veut dire, l'Homme.

LUDOVIC

S'il a créé la terre en cinq jours, il peut la détruire aussi vite… Vous avez vu ce qui se passe dehors ? Vous avez déjà vu des arbres centenaires tomber par dizaines ? Parce que moi c'est la première fois, et j'ai quand même trente-quatre ans de vie terrestre… Nostradamus avait tout compris !

GWEN

Ton Nostradamus tu peux te le carrer où je pense. Tu nous fais chier avec ton discours de prédicateur à la con. Les éléments se déchaînent et après ?… L'an 2000 c'est des conneries supervisées par les médias pour faire flipper la populace crétinoïde dans ton genre.

CLAIRE

C'est comme l'invasion des extraterrestres commentée par Orson Welles. Tout le monde y a cru dans l'hystérie générale. Tu trouves quoi à redire à ça ?

Il la regarde avec mépris.

LUDOVIC

Nostradamus a prédit des événements qui se sont réellement passés !

GWEN

Cite m'en un ?

LUDOVIC

Les guerres mondiales, les épidémies…

GWEN

C'était facile de prévoir ça. Moi, je peux te prévoir qu'après l'an 2000 la Terre sera tellement polluée qu'on vivra avec des masques à oxygène. Si j't'avais connu avant j'aurais pu te prédire que ta meuf t'aurait largué.

LUDOVIC

Le jour de la grande tempête ?

GWEN

Pourquoi ? Nostradamus-bifidus l'avait prédit ? Tu pètes trop haut mon vieux débris.

LUDOVIC

Ferme ta grande gueule ou j'te pète les dents !

GWEN

Essaye et j't'arrache les burnes et j'te les mets à frire pour la Saint Sylvestre.

CASSANDRA

Haut les cœurs ! Vous êtes bon à marier tous les deux !

GWEN

Plutôt mourir !

LUDOVIC

Quoi qu'il en soit on est en 1999 et…

GWEN

Parce qu'on a pris le calendrier grégorien. Chez nous, on est en 1421 on n'a pas encore découvert Christophe Colomb.

CASSANDRA

(Elle rit aux éclats.) L'Amérique, pas Colomb.

GWEN

C'est pareil.

CASSANDRA

(Toujours morte de rire.) Ah bah non, c'est pas pareil.

GWEN

L'an 2000 c'est une date au hasard. Tu serais Juif ça serait pas l'an 2000 de merde. Eux ils sont à mille années-lumière de là… C'est une date ! Les gens ont fantasmé grave sur ça. Genre, en l'an 2000 tu vas passer tes vacances sur Mars. En l'an 2000 les voitures elles vont voler. En l'an 2000 y a plus de Lune parce que ces enfoirés de Cosmos 1999, ils se sont barrés avec. C'est la connerie du Millénaire pour mytho. 2000 de -Khra-, oui !

CLAIRE

-Khra- !? Ça veut dire quoi ?

GWEN

Merde, en Arabe.

CASSANDRA

Comment tu sais ça, toi ?

GWEN

Je suis Arabe.

CASSANDRA

(Elle pouffe de rire.) En l'an 2000 y'a des Arabes qui s'appellent Gwen !… C'est ton père qui t'a appelé comme ça ?

GWEN

Non. Mais j'aime Gwen.

LUDOVIC

Moi, j'aime Ronaldo, c'est pas pour ça que je renie ma race.

Hélèna lève les yeux au ciel.

GWEN

Oh, ta gueule !

Cassandra se lève et sort.

LUDOVIC

Tu m'as dit ta gueule ? Tu m'as dit ta gueule !?

GWEN

Ouais ! T'as parfaitement entendu !

LUDOVIC

T'as de la chance que je sois un gentleman, sinon j't'aurais éclaté la gueule pour moins qu'ça.

GWEN

Ça existe encore des gentlemen en l'an 2000 ?

LUDOVIC

T'aimes bien avoir le dernier mot, toi ? Si tu continues comme ça tu vas avoir du mal à trouver un bon mari.

GWEN

Si un bon mari doit être comme toi, j'préfère me faire nonne.

HÉLÈNA

Et si on jouait aux cartes !?

LUDOVIC

Pour une fois qu'on avait une conversation intellectuelle.

GWEN

Tu parles !

72

CASSANDRA

La radio dit que la tempête est en train de mourir. Je viens d'ouvrir la porte et le vent est encore fort mais rien de comparable avec tout à l'heure. Le jour se lève, nous allons pouvoir évaluer les dégâts.

CLAIRE

C'est con, ça. Si on veut vendre maintenant ça va être dur.

Cassandra la regarde avec perplexité. Elle s'approche d'elle.

CASSANDRA

Tu es revenue sur ta décision.

CLAIRE

La propriété est grande. Travailler la terre c'est dur. Surtout l'hiver… J'ai envie de partir loin.

CASSANDRA

Toi, tu veux partir ? Tu m'as toujours dit que tu ne voulais pas quitter nos terres.

CLAIRE

Quand je disais que je ne voulais pas partir, c'était pour stipuler que si je devais partir ça serait loin ou pas du tout… Très loin.

CASSANDRA

Très loin comment ?

CLAIRE

L'Amérique du nord me semble appropriée.

Cassandra la regarde encore plus étonnée. Ludovic pouffe de rire.

GWEN

T'arrêtes de rire quand c'est une scène intimiste ?

CASSANDRA

Cette idée tu l'as eue toute seule ou on t'a aidée ?

CLAIRE

Un ennemi m'a guidée.

Elle le regarde chaleureusement. Tous regardent Ludovic étonné.

LUDOVIC

Bon, ça va ! Je n'ai pas fait exprès d'être gentil. On ne va pas en faire tout un plat ! De toute façon à partir d'aujourd'hui, je vais prendre les choses plus posément, sans me presser.

CASSANDRA

Pourquoi tu dis ça ? Quel rapport avec ce qu'on vient de dire ?

LUDOVIC

Rien, c'était juste comme ça. Et puis de toute façon j'ai le droit de parole. On est en république… Et puis, c'est bien connu. Le calme qui précède la tempête. Dans notre cas ce fut la tempête qui précéda le calme. On a fini par avoir des atomes crochus.

GWEN

Calme ta joie, Ludo. On n'est pas des potes et on ne le sera jamais.

CASSANDRA

Dit comme ça, c'est clair… Je crois qu'on n'est pas les seules
à être seules. Hein, Gwen ?

GWEN

J'ai pas envie de raconter ma vie. Vous croyez qu'on est
dans un cabinet de psychologie de groupe ou quoi ?… C'est
une tempête qui nous a ramenés là. Pas un quelconque
destin soi-disant programmé.

CLAIRE

Moi je crois en Dieu. Que rien n'arrive en vain. Dieu veille
sur nous et guide nos pas incertains.

LUDOVIC

Y'a encore des gens qui croient à ça en l'an 2000 ? Ma
parole ? J'hallucine !

CASSANDRA

Ludo, la ferme ! Respecte les croyances des autres.

LUDOVIC

Ok ! T'excites pas !

GWEN

En tout cas, à chaque fois que j'ai été dans la merde, c'est
pas lui qui m'en a sortie.

HÉLÈNA

Qu'est-ce que tu en sais ?

CLAIRE

On n'est pas là pour faire un débat sur qui vous a conduit
en ce lieu. Chacun doit croire en ce qu'il veut. En ce qui est

juste pour soi. Et surtout, comme l'a dit ma sœur, respecter les croyances d'autrui.

LUDOVIC

Moi, je ne me fais pas chier dans la vie. J'suis athée.

GWEN

Ça m'étonne pas vu ton caractère de chien.

CASSANDRA

Athée ou raté !?

Cassandra et Gwen se marrent.

HÉLÈNA

Gwen ! Cassandra !

GWEN

Ok, je ne dis plus rien.

Un silence pesant s'installe. Les uns et les autres se regardent furtivement.

HÉLÈNA

J'ai envie de rompre ce silence malsain. J'ai envie que vous vous sentiez mieux… Vous avez tous une solitude contenue. Masquée. Et tout comme vous j'ai cette solitude en moi. Celle qu'on s'inflige après l'échec sentimental. Aimer est une chose si belle. Mais quand elle devient une denrée périssable on en souffre… Nous voulons tous être aimés. Mais nous sommes, pour la plupart, plus demandeurs que donneurs. L'être humain est compliqué et c'est là sa richesse. Il faut parfois s'interroger sur notre propre réception. Sommes-nous prêts à recevoir ? Sommes-nous prêts à donner ?… Les choses peuvent être simples mais nous les compliquons. Par peur. Être lié à quelqu'un, ne vivre que pour l'instant où deux êtres se retrouveront. Cette dépendance à l'amour nous effraie. Elle signifie des concessions. D'être présent dans les moments de grâce et de disgrâce… Personne n'est parfait et moi la première. Il ne faut pas aimer par fragment. On doit englober l'être aimé. Le soutenir dans ses entreprises en étant sincère et lui faire comprendre ses erreurs sans le brimer. Converser sans relâche est la seule porte ouverte vers un bonheur plausible… Peut-être qu'à ce moment-là, les larmes se tariront pour que notre cœur s'ouvre et vive pleinement cette vie qui nous est offerte… *(Elle regarde un instant Cassandra le sourire aux lèvres)* Ne te sens pas heurtée en pensant que les compliments que l'on te fait font souffrir ta sœur, qui doit aussi apprendre à être heureuse pour ton bonheur et ne pas se sentir ombragée. *(Elle fait un clin d'œil à Claire.)* Un cœur sensible reconnaît ses frères.

LUDOVIC

T'as quel âge ?

HÉLÈNA

Quarante-huit ans.

LUDOVIC

Dis-donc ! Ton mari a du te cogner très fort pour que tu sois aussi lucide sur la vie… Pourquoi tu me regardes comme ça ? C'est plus vicelard que ça ? Racontes, j'adore les histoires salaces.

Hélèna soupire avec un demi-sourire sur les commissures de sa bouche.

HÉLÈNA

Ludovic, tu dis avoir été pressé et qu'à partir de cette troublante nuit tu vas prendre les choses avec plus de distance ?

LUDOVIC

Comment elle détourne la conversation la maligne !

HÉLÈNA

Non, je n'ai jamais été victime de maltraitance. Et je n'ai jamais été forcée de travailler avec mon ex-mari sur les marchés. Je fais ce job depuis toute petite. J'ai pris la relève de mes parents naturellement…

LUDOVIC

Bonjour l'ambition !

HÉLÈNA

Tu réponds à ma question, maintenant ?

LUDOVIC

Oui. Je compte bien aller voir Emilie et lui dire qu'elle a eu tort… *(Elles rient.)* Euh, que j'ai eu tort… *(Tous sourient.)* Vous croyez que je mens ?

HÉLÈNA

Non. Je pense qu'au petit matin de ce vingt-six décembre 1999, nous pensons nous amender. Rentrer chez nous pour tout bousculer, comme s'il s'agissait de faire un souhait une minute avant de passer l'an.

CLAIRE

Là il ne s'agit pas du réveillon de la Saint Sylvestre, mais d'une nuit où les éléments nous ont rappelés que nous avions une vie à vivre.

HÉLÈNA

Exact. Mais pour combien de temps ? Croyez-vous que vos personnalités ont changé ? Ou croyez-vous uniquement être heureux de ne plus entendre le vent dévaster tout sur son passage… Je pense que dans notre société où nous courons tous après… Après quoi courons-nous au juste ? Le savons-nous ?… Je vis dans le quatre-vingt-treize. J'ai l'impression que je ne prends pas le temps de vivre. Que seules les vacances m'apportent un semblant de paix. Dans cette société de consommation où les médias nous disent comment penser, comment agir, comment se vêtir, quel poids est convenable, nous en avons perdu la quiétude que nos parents avaient. Nous voulons la perfection. Celle du corps et du matériel et quand nous croyons l'obtenir nous nous sentons encore plus pauvres. Car nous n'avons rien qui vaille le coup que nous nous arrêtions… Ce que je me dis, ce matin c'est combien de personnes ont été blessés cette nuit ? Combien de personnes n'ont pas eu notre chance ?

De nouveau, un silence pesant s'installe. Puis, Gwen, sans les regarder, se confie.

GWEN

Moi, je croyais avoir beaucoup d'amis autour de moi. Un jour, j'ai perdu mon job. Je n'avais pas beaucoup d'argent, je n'allais plus au resto ou en boîte avec mes amis. Comme ma situation précaire s'est éternisée ils ont fini par m'oublier. Mon mec aussi. J'ai pointé au –chomdu- pendant près de deux ans. J'avais des missions d'intérim de temps en temps mais c'était galère. Puis j'ai rencontré Hélèna et j'ai commencé à travailler avec elle. Je n'ai pas à me plaindre pour l'argent. La seule ombre au tableau, c'est qu'il n'y a plus personne que je retrouve à la maison. Il n'y a plus personne qui veuille faire le tour du monde avec moi… Je

sais que je suis en partie responsable de cette pesante solitude, de cet étouffement que je ressens continuellement dans ma poitrine. Mais je ne sais plus ne pas être méfiante envers autrui. Quand un inconnu me parle, j'ai la sensation constante d'une agression et je réponds par de la colère.

LUDOVIC

Ça on l'avait remarqué.

GWEN

Espèce d'enfoiré ! Je suis en train d'ouvrir mon cœur, j'te signale.

LUDOVIC

Ben, vends ton histoire à -Voici-. C'est le seul magazine qui voudra de toi. Et puis, t'oublieras pas de me rembourser mon portable. J'en ai rien à branler que tu sois au chômage.

GWEN

Tu peux toujours courir. Et j'suis plus au chômage, crevard !

LUDOVIC

Raison de plus pour me le rembourser.

CASSANDRA

Je croyais qu'on était arrivé à se civiliser ?

LUDOVIC

Je n'ai jamais dit que j'étais civilisé, moi. Moi, j'suis une bête. *(Il s'approche, plein de charme et la prend dans ses bras.)* D'ailleurs si tu veux qu'on monte dans ta chambre, je me ferai un plaisir de te montrer à quel point je suis une brave bête. Et après tout c'que je vais te mettre, tu diras adieu aux femmes. Et après ça, tu en voudras tellement que tu viendras crécher chez moi. J'suis pour la polygamie.

Elle le repousse doucement.

CASSANDRA

Là, je renonce. Tu es désespérant. Je souhaite bien du courage à ta copine. Si vous alliez voir vos voitures.

LUDOVIC

Moi, c'est une moto que j'ai. Les voitures c'est pour les gonzesses. Allons voir. Comme je ne suis pas un gentleman, je passe devant.

CLAIRE

Ben, voyons !

Claire, Ludovic et Hélèna sortent.

GWEN

J'en connais qui le fracasseraient s'ils l'entendaient !

CASSANDRA

C'est sûr.

Elles se regardent un instant. Une gêne s'installe. Puis elles s'assoient à l'opposé l'une de l'autre, sans jamais oser se regarder. Gwen est assise sur la table.

GWEN

Qu'est ce qui s'passe ? J'ai dit un truc qu'il ne fallait pas ?

CASSANDRA

Tu as dit quelque chose tout à l'heure qui m'a intriguée.

GWEN

Comme quoi ?

CASSANDRA

Arrête, Gwen ! Fais pas semblant de ne pas comprendre !

GWEN

Ouais, désolée. En fait, tout à l'heure, ça paraissait plus facile. Je le disais en rigolant.

CASSANDRA

Tu as dit que nous avions des points en commun… Tu veux en parler ?… Ne te sens pas obligée. Je comprends ta réticence… Hélèna est au courant ?

GWEN

Oui.

Cassandra se lève et s'approche d'elle lentement.

CASSANDRA

Et ?...

GWEN

Et quoi ?… Oh, non !… Hélèna est une pure hétéro. Nous sommes de vraies amies, rien de plus. Elle m'a plus apportée que n'importe qui dans ce monde puant… Cassandra… Comment tu as su ce que tu voulais ?... Cette attirance. Explique-moi ?

CASSANDRA

Contrairement à toi je n'ai jamais été déçue par les hommes. Je les aime bien, comme pote, mais faire ma vie avec eux, cela me paraît impensable… *(Cassandra s'assoit sur la table à ses côtés en prenant la main de Gwen.)* Je pense que certaines personnes le deviennent et d'autres naissent homosexuelles… Et je pense que c'est mon cas. Et toi, tu t'es fait fracasser par un mec pour en préférer les femmes ? Allez chérie, dis tout au docteur Cassy !

Elles rient. Tout en conversant elles se caressent la main délicatement.

GWEN

Je n'ai pas vraiment choisi mon camp… Et, effectivement, malgré ta jeunesse tu as tapé dans le mille… Un homme m'a fait souffrir et j'ai trouvé le réconfort dans les bras d'une femme. En fait, pour être franche, ce n'est pas un homme, mais plusieurs hommes qui m'ont fait souffrir au cours de ma toute petite vie. Je n'ai jamais pu les comprendre. Et comme tu as pu le voir, dès que j'en vois un j'ai envie de le frapper, surtout quand il déboule dans une cave en traitant sa nana de salope… Tu sais, il faut arrêter de croire qu'à Paris tout est plus simple. Là-bas non plus ce n'est pas possible de tenir la main de sa copine sans avoir de regards accusateurs.

Elles osent enfin se regarder dans les yeux avec insistance.

CASSANDRA

Sois plus cool maintenant et tout ira bien. Tu es une fille géniale. J'espère que l'on se reverra à Paris. Je te donne mon fixe, moi aussi je n'ai pas de portable.

GWEN

(Prenant une voix rauque) T'as pas d'portable ? Mais d'où est-ce que tu sors ? Tu vis en rase campagne ou quoi !?

CASSANDRA

Si tu continues j'vais te fracasser ta grande gueule avec ton portable de merde !

Elles se mettent à rire aux éclats tout en continuant à se tenir la main. Elles s'apprêtent à s'embrasser.

Ludovic entre en trombe et prend son sac.

LUDOVIC

C'est dégagé, j'me casse !... *(Il s'arrête net en les voyant l'une contre l'autre.)* Oh non, c'est pas vrai ! Espèces de gouinasses ! J'aurais dû m'en douter qu't'en étais une. Aucune gonzesse ne me résiste d'habitude... *(Elles froncent les sourcils.)* Rigolez, c'est pour rire.

CASSANDRA

Je ne savais pas que t'étais comique. Juste pour te faire plaisir : Ah, ah, ah !

GWEN

Ça ne se voit pas comme ça, Ludo, mais tu es un sacré charrieur.

LUDOVIC

C'est ma raison de vivre, très chère. Et puis de toute façon, comme t'es poissonnière c'est normal que t'aimes les moules... *(Il se marre, sous l'œil perplexe des filles.)* Fallait que je la place celle-là.

GWEN

Il est tout content le Ludo d'avoir sorti une vanne facile.

CASSANDRA

Bonne chance avec ta copine.

LUDOVIC

T'inquiète, ça va aller… Gouine ; heu, Gwen ? *(Il pouffe de rire.)* Tu es un peu barge, mais t'es une fille bien. Mets juste un peu d'eau dans ton vin.

GWEN

Toi aussi. *(Il acquiesce avant de faire volte-face.)* Eh, attends ? Laisse- moi ton adresse que je te rembourse ton portable.

LUDOVIC

Laisse tomber. Je l'avais mérité. *(Ils se regardent avec gêne.)* Bye !

Il sort.

Gwen reste à regarder la porte.

CASSANDRA

Nostalgique ?

GWEN

Ouais. C'est dingue après tout ce qu'on s'est balancé.

CASSANDRA

Prends soin de toi, Gwen.

Elle l'embrasse sur les lèves.

Cassandra sort.
Hélèna entre.

Gwen, tristement, regarde la pièce. Hélèna se dirige lentement vers elle.

HÉLÈNA

Tu es prête à partir ? *(Elle lui fait un signe positif)* Ok ! Allons-y alors.

Elles prennent un panier.

Claire et Cassandra entrent.

CASSANDRA

On va prendre l'autre.

HÉLÈNA

Merci.

Hélèna et Gwen sortent.

CLAIRE

Fais attention, Cassandra. Il est lourd.

CASSANDRA

Claire, tu déconnais quand tu disais que tu allais te casser en Amérique ?

CLAIRE

Pourquoi ?

CASSANDRA

C'est loin.

CLAIRE

Comment ça, c'est loin ? C'est toi qui voulais que je m'en aille.

86

La lumière commence à se tamiser tandis qu'elles se dirigent vers la porte.

CASSANDRA

Oui, à dix kilomètres.

CLAIRE

Eh bah, tu rajouteras trois zéros.

CASSANDRA

Dix mille kilomètres !? Tu te fous de moi !?

CLAIRE

J'ai la tête de quelqu'un qui plaisante ?

CASSANDRA

Tu n'vas pas te casser là-bas ? Tu vas devenir encore plus grosse !... Oh, tu m'écoutes !?

CLAIRE

Bla, bla, bla, bla…

CASSANDRA

Arrête de m'énerver !

Elles sortent.

La lumière est éteinte.

FIN

Peur ancestrale

Genre :
Drame

Nombres de personnages :
10

6 femmes / 4 hommes

Lauriane Dumasse – Isabelle Williams
Eliane et Morgane Dumasse *(jumelles)*
Dorian Dumasse – Madeline Williams
Cyrille Cortez – Frédéric Martin – Annie
Inspecteur Debert

Durée :
1 heures 25

PEUR ANCESTRALE
Un drame de Karima Djelid

Pièce de théâtre

NOTE D'INTENTION :

Cette pièce nous plonge dans un univers glauque où l'espoir n'a pas sa place. Pourtant, il se dégage de ces personnages en sursis quelque chose de pathétique, tant leur vie ne tient qu'à un fil. Et malgré leur dépit, ces personnages sont tous liés par un destin unique ; et ce, jusqu'à l'apothéose finale, mélange de lyrisme et de poésie tragique où, enfin, cette peur ancestrale s'évanouit dans un flot de larmes et de sang.

C'est l'histoire la plus noire et la plus dénuée d'empathie que j'ai eu le plaisir d'écrire comme si j'avais un besoin irrépressible de transmettre la noirceur de mon existence à ces personnages voués au malheur depuis toujours.

Toutes les frustrations, les douleurs et le mal-être qui découlaient de la maladie, m'ont fait écrire ce drame sans concession.
La dernière scène m'a mise à plat à la minute ou j'ai apposé le mot fin, et cela pour les deux jours suivants. On ne quitte pas une telle histoire sans en ressentir un mal-être profond et une envie soudaine de ne plus avoir à écrire une fin aussi peu clémente.
C'est pourquoi je n'ai, à ce jour, jamais réécrit un drame, préférant m'atteler à faire rire le public et les emmener loin des horreurs de ce monde.

Peur ancestrale m'a marquée, et reste une pièce de théâtre
à part et qu'il me plait de lire tant chacun des personnages
me fascinent par leur incapacité à faire face à leurs erreurs
et ainsi, se conduire vers une fin des plus macabres.

Karima Djelid
Auteur, metteur en scène

Scène 1

*Lauriane Dumasse - Isabelle Williams - Frédéric Martin -
Annie - Eliane Dumasse*

Bureau de Lauriane Dumasse.
*Lauriane Dumasse, une femme d'une cinquantaine d'années,
est accoudée à son bureau. Elle semble soucieuse. Elle lit un
article de journal. Sa lecture finie, elle se rejette en arrière et
s'adosse au dossier de son fauteuil. Son visage affiche une mine
ferme, puis elle le cache avec ses deux mains, et doucement les
ramène au-dessus de sa chevelure qu'elle frotte énergiquement.
A cet instant, un coup frappé à la porte se fait entendre. La
femme se lève lentement, prend le journal, le froisse et le jette
dans la corbeille. Un deuxième coup se fait entendre. Sans se
presser, elle contourne son bureau et se place devant, face à la
porte.*

LAURIANE DUMASSE

Entrez !

*Une femme d'une quarantaine d'années entre et courbe
l'échine avant de délivrer son message.*

ISABELLE WILLIAMS
Madame Dumasse ? Monsieur Martin vient d'arriver. Et bien qu'il n'ait pris rendez-vous, il a beaucoup insisté pour vous voir. Puis-je le faire entrer ? Où dois-je le renvoyer ?

LAURIANE
Qu'il entre, Isabelle. *(La femme sort. Dumasse contourne le bureau et s'assoit sur son fauteuil. Elle ouvre un tiroir et en sort un dossier qu'elle dépose, grand ouvert, sur son bureau. Quand elle entend frapper à la porte, elle la regarde un instant soucieuse, puis fronce les sourcils.)* **Entrez !**

Isabelle entre, suivie d'un homme d'une quarantaine d'années, portant une sacoche noire, et habillé d'un complet bleu marine.

ISABELLE
Madame Dumasse ? Monsieur Martin.

Dumasse hoche la tête tandis qu'Isabelle fait signe à Monsieur Martin d'avancer, puis elle sort. Dumasse, toujours assise, s'accoude au bureau en joignant ses doigts à hauteur de son visage. Elle fronce de nouveau les sourcils. Voyant que Dumasse ne profère aucune parole, Martin commence à s'inquiéter. Ses yeux deviennent ronds, des gouttes de sueur se forment sur son front et dégoulinent le long de son visage. Il finit par baisser la tête, ne pouvant plus supporter le regard sévère de cette femme sans âme. Puis il quitte le centre de la pièce où il se trouvait, et s'avance vers le bureau jusqu'à le toucher à hauteur des cuisses. Il s'adresse enfin à Dumasse d'une voix grave et tremblotante.

FREDERIC MARTIN
Ils t'ont eue, Lauriane.

LAURIANE

(Elle frappe son bureau de son poing. Martin sursaute.) **Ils nous ont eus, Frédéric !** *(Elle se lève.)* **N'oublies pas cela. Si je plonge, tu plonges. Si je meurs, tu meurs. Nous sommes unis par un lien bien plus sacré que le mariage, mon ami.** *(Dumasse prend les épaules de Martin dans ses mains et les serre très fort.)* **C'est ainsi et pas autrement. Il en va de même pour nos loyaux investisseurs ? Ça va de soi.**

Martin jette un œil en direction de la porte tout en faisant un pas en arrière pour se soustraire à l'étreinte de Dumasse. Son anxiété croît.

MARTIN

Lauriane, tu t'es attaquée à plus fort que toi. Laisse tomber avant qu'il ne soit trop tard.

LAURIANE

Assieds-toi !

Dumasse le lâche et se détourne de lui.

MARTIN

Tu crois que j'ai envie de m'asseoir... *(Il est de plus en plus nerveux. Il s'approche de Dumasse qui lui tourne le dos)* **Ils sont venus chez moi, hier. Ils ont fait peur à ma femme et à ma gosse. Ils ont dit que si je cautionnais tes affaires plus longtemps, ils s'en prendraient à ma famille.**

LAURIANE

Ce sont les risques de notre profession.

MARTIN

Non ! Ce sont les risques que tu nous fais prendre !... Je me retire du jeu.

LAURIANE

(Dumasse lui fait face en fronçant les sourcils. Elle fixe Martin.)
Il en est hors de question.

MARTIN

**Tu sais quel message ils m'ont chargé de te transmettre ?...
Ils tueront un de tes gosses ce soir. Oh merde, Lauriane, ils
te demandent de choisir. Je t'avais dit de ne pas les piéger.
Ils sont partout. Ils savent tout.** *(Il est de plus en plus affolé.)*
**Ils veulent te donner une leçon, pas te tuer. Sinon ils font
sauter ta firme. Ils te dépossèdent de tous tes biens.** *(Il a les
larmes aux yeux et semble craindre pour sa propre vie.
Dumasse se dirige vers son bureau, ouvre le tiroir et en sort une
arme à feu. Elle revient vers l'homme en prenant soin de garder
l'arme parallèle à sa jambe, hors du champ de vue de Martin.)*
**Oh, nom de Dieu ! T'as cinq gosses, à minuit ils viendront et
tueront le gosse qui sera resté ici. Tu ne peux pas contourner
ça. Je dois te laisser. Je ne marche plus là-dedans. Je ne veux
plus être mêlé à ça.** *(Dumasse le regarde avec intensité.)* **Je
m'en vais. Ne me regarde pas comme ça. Il va y avoir un
meurtre.** *(Il fait volte-face et se dirige vers la porte.)*

LAURIANE

Non, deux !

MARTIN

(Surpris, il refait face à Dumasse.) **Quoi !?**

LAURIANE

Deux meurtres. *(Tout en montrant son arme.)* **Tu quitteras le
navire quand je l'aurai décidé.** *(Martin reste médusé.)*

MARTIN

Non, Lauriane, tu plaisantes ? Allons, range cette arme. On
est amis de longue date. *(Dumasse baisse son arme sans le
quitter des yeux)* Je t'en supplie. Tu me fais peur, Lauriane.

*D'un geste brusque, elle tire un coup avec l'arme munie d'un
silencieux. Frédéric Martin, atteint en plein cœur, s'écroule sur
le sol. Dumasse, l'air neutre, reste un instant à le regarder.*

LAURIANE

Comme dirait le vieux César : « Tu me fends le cœur », mon
ami... Un peu de dignité, par Dieu.
*(Elle se détourne de lui et dépose l'arme sur la commode, puis
elle se regarde dans la glace la surplombant, l'air satisfait.)* Je
ne t'ai jamais permis de te retirer, cher ex-ami. Aucun rat
ne doit me précéder dans la fuite. *(Elle sourit tout en
appuyant sur un bouton placé sous le rebord droit de la
commode. Puis se dirige vers Martin et le regarde quelques
secondes, le sourire aux lèvres.)* Dois-je respecter la minute
de silence due à ton rang ?... Certes non ! Maintenant que je
t'ai refroidi, ta peur est anéantie. Je t'ai donc rendu un
grand service. Tu devrais me remercier, pauvre négociateur
de pacotille.

*Une femme entre par une porte dérobée et jette un bref regard
sur l'homme allongé sur le sol, mais ne semble pas surprise*

ANNIE

Vous m'avez fait demander, Madame ?

LAURIANE

Oui, Annie. Cet homme est en train de salir ce magnifique
tapis.

ANNIE
Je vous en débarrasse tout de suite, Madame.

LAURIANE
J'irai voir ta femme pour les condoléances. *(Dumasse récupère son arme et la range dans le tiroir du bureau. Elle regarde la femme enrouler Martin dans le tapis et le tirer vers la sortie. Puis sa belle assurance s'envole quand son regard se pose sur un porte-photos posé sur le bureau. Elle le regarde un instant, soucieuse, puis le prend pour le regarder de plus près. La photo la montre, elle, deux jeunes hommes et deux jeunes filles. Elle passe son doigt délicatement sur le visage d'un des garçons.)* **Ça ne sera pas toi, Dorian, mon fils bien aimé. Mais je ne puis me résoudre à choisir...** *(Puis elle repose le porte-photos à sa place initiale et appuie sur un bouton posé sur le devant du bureau.)* **Je ne reculerai pas. Je suis trop près du but.** *(On frappe à la porte. Lauriane s'aperçoit qu'une tache de sang est visible sur le sol. Elle se précipite dessus pour la masquer.)* **Entrez !**

Isabelle entre.

ISABELLE
Oui, Madame ?

LAURIANE
Que font mes enfants ce soir ?

ISABELLE
Monsieur Dorian ainsi que Mademoiselle Morgan sortent dîner en ville. Monsieur Florian est, comme vous le savez, aux Antilles. Quant à Eliane, elle reste étudier.

LAURIANE
Parfait. Vous pouvez disposer, Isabelle.

ISABELLE

(Elle semble hésiter dans ses propos.) **Madame Dumasse ?** *(Dumasse la regarde sévèrement, comme si la question qu'elle se préparait à formuler lui était évidente et gênante.)* **Je me demandais où était Monsieur Martin ?**

LAURIANE

Je l'ai raccompagné. Vous n'avez pas d'autres questions stupides, Isabelle ?

ISABELLE

Non, Madame. Excusez-moi, Madame.

Elle sort confuse, tandis que Dumasse regarde la porte avec un air de dégoût.

Annie réapparaît.

Elle tient une bassine d'eau.

ANNIE

Je viens pour nettoyer.

LAURIANE

Il vaudrait mieux pour vous que cette tache ait disparu.

Annie s'agenouille et se met à la tâche. Lauriane s'assoit, prend le portrait de ses enfants et le regarde avec tristesse. Elle le repose et le regarde encore quelques secondes. Puis son air devient dur et d'un geste brusque son poing vient s'abattre sur le verre du cadre, le brisant de ce fait.

Eliane entre.

Elle reste sur le pas de la porte, étonnée du geste de sa mère. Lauriane s'aperçoit de sa présence.

LAURIANE

Eliane, je t'attendais.

Annie sort.

ELIANE

Maman ! Tu sembles soucieuse. *(Lauriane se lève. Les deux femmes s'approchent l'une de l'autre. Lauriane prend le visage de sa fille dans ses mains et dépose un baiser sur son front. Eliane semble surprise du geste tendre de sa mère, qui fait à cet instant volte-face pour ramasser les morceaux de verre sur son bureau. Eliane s'approche et l'aide.)* **Maman. Je suis seule ici ce soir. On peut dîner ensemble. Je réussirai peut-être à te faire oublier tes soucis.**

LAURIANE

Tu es gentille. Mais je dois sortir... Ce soir, je négocie mon bien le plus précieux.

Elle sort. Eliane reste pensive, puis elle hausse les épaules.

Scène 2

Dorian – Eliane – Isabelle – Madeline – Morgan - Cyrille

L'immense cuisine de la demeure Dumasse.
Dorian entre en enfilant sa veste. Il se dirige vers la table et prend un bonbon. Tout en le défaisant de son emballage, il entonne un air de Blues en l'accompagnant d'un mouvement de hanche sexy. Eliane entre et le regarde malicieusement.

ELIANE

Il faut que je te parle.

DORIAN

Pas le temps. Ce soir, je sors.

Eliane rit en voyant le nœud de cravate de son frère grossièrement fait.

ELIANE

A ton âge, c'est un crime de ne pas savoir faire un nœud de cravate.

DORIAN

(Il lui fait un clin d'œil.) **Je t'attendais, chère Eliane !**

Il relève le col de sa chemise en souriant chaleureusement à Eliane. Celle-ci, le regard neutre, s'affaire à la tâche et, d'un air désinvolte, entame la conversation.

ELIANE

(Sans daigner le regarder.) **Je sais que tu couches avec la bonne.**

Le sourire que Dorian affichait s'efface au profit d'un air confus. Un instant, Dorian hésite à répondre.

DORIAN

Tu es directe, Eliane.

Il se détourne d'elle et retourne à table manger un bonbon d'un air désinvolte tandis qu'Eliane se dirige vers une chaise et s'y assoit.

ELIANE

Tu n'as pas répondu à ma question.

Dorian soupire grossièrement. Eliane le regarde d'un air coquin.

DORIAN

Depuis quand le sais-tu ?

ELIANE

Quelques mois. *(Il soupire, ennuyé.)* **T'inquiète pas Dorian, les autres ne sont pas au courant.**

DORIAN

Si tu l'es, pourquoi pas eux ? *(Elle lui jette un regard malicieux.)* **Oui, je sais, on t'appelle la fouine et ce n'est pas**

pour rien. Tant de ressemblance physique avec Morgan et pourtant si peu d'intellect en commun. Une de vous deux a dû se faire adopter. Je parierai sur toi, chère Eliane. *(Il s'assoit à ses côtés.)*

ELIANE

Tant mieux car je n'aime pas être comparé à cette sœur jumelle si niaise et si pleine de bons sentiments. *(Elle le regarde avec une pointe de malice.)* Je sais aussi des tas de choses que les autres cachent à Maman.

DORIAN

Ah oui ? Quoi ?

ELIANE

C'est secret.

DORIAN

Si tu es au courant que je me tape Maddy...

Elle rit en l'interrompant brusquement.

ELIANE

Oh, comme c'est devenu si intime. Tu lui donnes un surnom maintenant ?

DORIAN

(Désappointé.) Madeline, si tu préfères.

ELIANE

(Furibonde.) Je me contrefiche du nom que tu lui donnes. Tu l'aimes ?

DORIAN

Non, bien sûr que non. *(Dorian se lève et se détourne d'Eliane, échappant ainsi à son regard insistant.)* On se connaît depuis toujours... *(Il lui refait face.)* Je l'aime bien.

ELIANE

Tu prends tes précautions ?

DORIAN

(Montrant son embarras.) Madeline était vierge. J'ai fait un dépistage du sida pour lui faire plaisir. J'ai toujours pris des préservatifs avant elle.

ELIANE

Et après elle ? *(Dorian se détourne d'elle, pensant ainsi se soustraire à l'interrogatoire.)* Tu la trompes à tout bout de champ.

DORIAN

(Dorian rit.) La fouine, tu es mauvaise langue ! *(Ils se regardent un instant.)* Je me préserve quand je ne suis pas avec Maddy. Et elle ne sait pas que je fricote avec d'autres. C'est tout ce que tu voulais savoir ?

ELIANE

Non ! Elle prend la pilule ?

DORIAN

(Il soupire, furieusement.) Bien sûr !

ELIANE

Alors qu'est-ce qu'elle faisait à onze heure quinze chez un obstétricien ?

DORIAN

(Exaspéré.) **Je ne sais pas ! Un obstétricien c'est aussi un gynécologue.**

ELIANE

Elle était affolée. Elle m'a percutée sans me voir et elle a dévalé la rue aussi vite que l'aurait fait une sprinteuse de marathon. *(Dorian réfléchit un instant en s'accoudant au rebord de la table.)* **La question que je me pose est : comment as-tu pu coucher avec cette mocheté ? C'est vrai, elle est mal fichue, elle a un visage disgracieux et en prime elle fait le ménage.**

DORIAN

(Furieux.) **Pour payer ses études.**

ELIANE

Ah oui, j'oubliais. -Mademoiselle- veut devenir institutrice. Ça relèvera le niveau social de sa famille. *(Dorian se détourne d'elle, perplexe.)* **Tu veux savoir ce que je crois ? Tu es amoureux de cette salope. Elle t'a séduit Dieu sait comment.** *(Elle se blottit dans les bras de son frère en prenant une voix douce et convaincante.)* **Crois-tu qu'elle t'aime ou crois-tu qu'elle convoite ce que tu possèdes ? Pour une fille comme elle, tu es un diamant à l'état brut. Tu pensais l'épouser ?**

DORIAN

Je n'ai rien dit de tel.

ELIANE

Lui as-tu dit ? *(Dorian la fixe tristement, sans mot dire. Puis elle reprend, sèchement.)* **Vire-là, Dorian.**

DORIAN

(Furieux, il se détourne d'elle.) **Comment peux-tu me suggérer une telle chose ? Ce serait déloyal.** *(Il la regarde avec tristesse.)* **Avec elle, c'est unique. Elle me comprend. Elle m'a donné ce qu'elle réservait à son mari. Elle m'a fait confiance.**

ELIANE

Elle est restée vierge jusqu'à 21 ans parce que personne ne voulait d'elle. C'est elle qui est déloyale, Dorian. Si Madeline est enceinte comme je le crois, c'est pour te piéger. Si elle essaie de te faire croire que c'est un accident, ça ne sera que pur mensonge. Si c'est le cas, tu sais ce qu'il te reste à faire.

Ils se regardent un instant, puis Eliane l'embrasse sur la joue, narquoise.

Elle sort.

Dorian reste assis, pensif. Il se lève nerveusement et fait les cent pas. Il balance le panier de fruits. Puis il se calme, le ramasse. Il se rassoit.

Isabelle entre avec Morgan chargée d'un panier de courses.

MORGAN

Qu'est-ce qui lui prend à Eliane de nous bousculer comme ça ? Même pas un bonjour. Ça devient pathologique chez elle. Salut Dorian, tu as l'air bien morose.

DORIAN

(Troublé.) **Tu connais assez ta jumelle pour savoir qu'il n'y a rien à comprendre.** *(Il les embrasse.)* **Bonjour, Isabelle !**

ISABELLE

(Affichant un sourire empli d'affection.) **Bonjour, mon grand. Tu m'excuseras, mais si tu désires dîner dans une heure, il faut que je commence maintenant.**

MORGAN

Tu m'aides à choisir ma robe pour ce soir ?

DORIAN

Ok, Morgan. Je te suis ?

Dorian et Eliane sortent.

Isabelle commence à balayer le sol.

Madeline entre.

MADELINE WILLIAMS

Bonjour, maman !

Isabelle se relève précipitamment, en colère.

ISABELLE

Tu m'as laissée toute la journée ! Où étais-tu ?

MADELINE

Je t'ai laissée qu'une toute petite partie de la journée.

ISABELLE

Tu ne réponds pas à ta mère ! Tu n'as pas honte ? Où étais-tu ?

MADELINE

(En gardant son calme, elle mange un bonbon.) **J'ai fait une course personnelle.**

ISABELLE

Quand on a la chance de travailler pour une famille aussi importante, aussi riche que les Dumasse, il n'y a pas de personnel qui tienne !

Madeline regarde sa mère quelques secondes avec lassitude. Puis elle se dirige vers la table et s'y assoit pour découper les tomates.

ISABELLE

Tu as dormi dans ta chambre cette nuit ? Ou as-tu découché Dieu sait où ?

MADELINE

(Sans regarder sa mère.) **J'ai dormi dans ma chambre.**

Elle découpe les tomates de plus en plus vite, voyant en cette tâche quelque échappatoire aux questions embarrassantes de sa mère.

ISABELLE

(Ton froid et hautain) **Il t'aime ?**

MADELINE

(Elle s'arrête de couper, le regard figé sur les rondelles de tomates.) **Oui, maman.**

ISABELLE

Il veut t'épouser ?

MADELINE

Maman !... *(Elle la regarde exaspérée.)* **On est au 21ème siècle ! Le mariage ce n'est pas une fin en soi.** *(Elle reprend sa tâche.)* **Je suis fatiguée, maman.**

ISABELLE

Oui, bien il faut que tu fasses le service pour Madame Dumasse et Mademoiselle Eliane. Les autres sortent... Tu le vois ce soir ?

MADELINE

Non, maman ! Pourquoi me poses-tu toutes ces questions ?

ISABELLE

Je sais très bien ce qui va arriver, ma fille.

MADELINE

(Elle la regarde exaspérée.) Ne parle pas de ce que tu ne connais pas. Toute ta vie tu as servi une famille qui n'a jamais eu le moindre respect pour toi.

Isabelle la gifle.

ISABELLE

Tu ne sais rien de moi. Tu ne sais pas ce que j'ai pu endurer.

MADELINE

Je ne sais pas, parce que tu ne me dis jamais rien !... Ce que tu as pu endurer ?... Je vois bien que tu as dû souffrir, maman. Mais ce sont tes choix, ton destin, tes faiblesses, pas les miennes... Je ne crois pas en la fatalité. Pourquoi ton histoire devrait se perpétuer en moi ?

Isabelle sort très en colère.

Madeline reste seule, pensive, affublée d'un air triste. Elle regarde en direction de la porte puis, lentement, pose délicatement sa main sur son ventre. Des pas se font entendre ; les ayant perçus, elle reprend sa tâche.

Dorian entre.

À sa vue, Madeline affiche un sourire et se précipite vers lui, mais Dorian lui fait un signe de retenue. Madeline, réalisant qu'un témoignage d'affection en ce lieu aurait été déplacé, se rétracte non sans peine.

MADELINE

Dorian, je suis contente de te voir. *(Dorian ne bronche pas. Il passe devant elle, dédaigneux et hautain. Madeline inquiète s'avance vers lui.)* **Qu'est ce qui se passe ? Tu sembles anxieux ?**

DORIAN

(Il lui fait face.) **Je montais les escaliers quand je t'ai vu entrer dans la cuisine. Je vous ai entendu vous disputer mais j'étais trop loin pour comprendre. Ça avait l'air grave.** *(Maddy se détourne de lui gênée et sans mots dire.)* **Je n'ai pas beaucoup de temps, Maddy. Je veux juste que tu répondes par oui ou par non...** *(Maddy esquisse un hochement de tête.)* **Es-tu enceinte ?** *(Elle recule tout en continuant de le regarder. Son visage devient tristesse et ses yeux s'humidifient ; en dernier lieu, elle baisse la tête. Dorian soupire, embêté.)* **Compte tenu de ta réaction, tu l'es.... Tu comptais me le dire quand ?**

MADELINE

J'ai eu la confirmation aujourd'hui. Je voulais t'en parler, mais on se voit si peu ces temps-ci.

DORIAN

(Elle s'approche de lui. Furieusement, il la repousse contre la table. Il est énervé et angoissé.) **Belle excuse. Tu comptais le**

garder pour toi jusqu'à ce qu'il soit trop vivace pour te faire avorter ?

MADELINE

(Pleurant.) **Non !**

DORIAN

(De plus en plus furieux.) **Alors quand est-ce que tu me l'aurais dit ?**

MADELINE

Je te l'ai dit, Dorian. Dès qu'on se serait vus.

DORIAN

Mensonge ! *(Il a les larmes aux yeux.)* **C'est ce que tu aurais fait si je ne t'en avais pas parlé ? Est-ce que tu en avais l'intention en me voyant entrer ?...** *(Maddy le regarde sans savoir quoi répondre. Il ravale ses larmes et la regarde impitoyable.)* **Débarrasse-t'en. Je te donnerai l'argent nécessaire.**

MADELINE

Dorian, non !... C'est notre enfant. Ce serait un meurtre.

Eliane entre.

Elle reste à l'écart pour ne pas être vu dans l'entrebâillement de la porte.

DORIAN

Tu ne peux assassiner celui que tu ne connais pas... *(Ils se dévisagent.)* **Ça ne sera pas ma première fécondation, ni la dernière. Comme pour les autres, cette affaire est supprimée.** *(Il regarde sa montre.)* **Oh, il est déjà dix-huit**

heure vingt. On m'attend en ville. *(Il lui fait un clin d'œil.)* **Ne pleure pas, chérie. Tu t'en remettras vite.**

Avant de sortir il hésite, pris de remords. Il voit Eliane et se ravise.

> *Il sort, laissant Maddy choquée.*

Elle se met à pleurer silencieusement. Eliane est affublée d'une nuisette de soie. L'air vindicatif, elle s'approche. Madeline, après un bref regard, reprend son travail. Eliane passe sournoisement devant Madeline et s'assoit.

ELIANE

Ça va, Maddy ?

Eliane rit avec un soupçon d'arrogance. Madeline s'arrête et la regarde surprise qu'elle ait employé le surnom que Dorian lui donne. Puis, elle reprend sa tâche.

MADELINE

Pourquoi ça n'irait pas ?

ELIANE

Un bâtard sommeille dans tes entrailles. Comment pourrais-tu être bien ? *(Madeline, interloquée, ne sait que répondre.)* **Ne prends pas cet air, je pourrais presque avoir pitié de toi.**

MADELINE

Que veux-tu ?

Madeline se détourne d'elle et continue de ranger, l'air grave.

ELIANE

Que tu t'en ailles ! *(Madeline, surprise, la regarde brusquement d'un air interrogateur.)* Cesse de me regarder ainsi. Tu sais très bien que je ne t'ai jamais aimée… Pourquoi ? Je n'en sais rien ! C'est ainsi depuis toujours. *(Elles se regardent avec mépris.)* Tu l'as toujours su, non ?... Va-t'en, et ne compte pas sur Dorian pour l'argent de l'avortement. Tu n'auras rien !

MADELINE

Je ne demande rien. Je compte garder l'enfant.

ELIANE

(Elle se lève.) Dorian ne le reconnaîtra jamais !

MADELINE

Je le sais. *(Tout en élevant le ton.)* J'assumerai seule. Je l'élèverai seule. Je n'ai pas besoin des Dumasse !

ELIANE

Tu parles ! Toute ta vie tu nous as servis, comme ta mère. Vous n'êtes rien sans nous. Ta mère a été la boniche de ma mère durant vingt-six ans, et boniche, elle le restera !

MADELINE

Ma mère est honnête, elle. Pas comme la tienne !

ELIANE

(Furibonde.) Qu'est-ce que tu as dit ? Ma mère est une femme bien et je vais lui rapporter ce que tu viens de dire, espèce de petite garce !

ELIANE

C'est toi la garce. Moi, je n'ai jamais vécu à l'œil. Ce que j'ai, je l'ai dûment gagné.

Eliane gifle Madeline. Cette dernière bascule. Une détonation se fait entendre. Madeline s'écroule sur le sol. Eliane, apeurée, se réfugie sous la table.
Madeline, après la stupeur et la douleur, se plaque contre le plan de travail. Elle regarde l'éraflure sur son bras et le sang qui en découle. Eliane pleure.

Cyrille entre.

Il regarde les deux jeunes filles, puis il fixe Madeline.

CYRILLE CORTEZ
Eliane Dumasse ? *(Madeline, apeurée, le fixe avant de regarder dans la direction d'Eliane. Cyrille suit son regard. Il s'adresse à Eliane.)* **Eliane Dumasse ?**

ELIANE
(Pleurant de plus belle.) **Qu'est-ce que vous me voulez !?**

Cyrille tire. Il l'atteint en pleine tête. Madeline hurle en se relevant d'un bond. Cyrille l'attrape violemment.

CYRILLE
Je ne te veux aucun mal. *(Il s'avance vers elle. Elle recule jusqu'à se retrouver acculée au mur. Cyrille effleure la tempe de Madeline de son arme.)* **Qui es-tu ?**

MADELINE
(Pleurant.) **Madeline. Madeline Williams... Je suis la fille de l'intendante.**

CYRILLE
Tu te disputais avec elle ? *(Elle acquiesce de la tête.)* **Pourquoi ?**

MADELINE

Elle voulait que je parte. *(Elle baisse la tête, essayant d'étouffer ses sanglots tandis que Cyrille l'observe étrangement.)* **J'ai mal au bras.**

CYRILLE

Oh, pardon ! *(Il range son arme et, le plus naturellement du monde, entame la conversation.)* **Je ne voulais pas t'effrayer.** *(Madeline le regarde étonnée. Il parle avec ironie.)* **Je sais, c'est râpé.** *(Il regarde Eliane.)* **Dommage ! Elle était vachement potable.** *(Madeline regarde sa plaie. Cyrille lui attrape le bras. Madeline hurle.)* **C'est rien. Une éraflure. Elle t'a giflée à temps.** *(Il rit. Madeline regarde furtivement la porte.)* **Je suspecte une part de pitié dans ton regard. Elle a ce qu'elle mérite, crois-moi. Et la vieille ne va pas tarder à la suivre.**

MADELINE

Lauriane ?

CYRILLE

Une belle pourriture, ta patronne.

MADELINE

Ce n'est pas ma patronne. Je l'ai toujours détestée. Elle traite ma mère comme une merde. Et elle, elle accepte ça.

CYRILLE

Tu souhaites sa mort ? *(Madeline ne répond pas, mais son regard en dit long sur son mépris envers Lauriane Dumasse. Cyrille s'en amuse.)* **Dumasse pourrait payer, si tu le veux !**

MADELINE

Comment ? *(Il brandit l'arme malicieusement.)* **Non ! Je ne suis pas une tueuse !**

CYRILLE

Je n'en étais pas un avant d'en devenir -un-. *(Il rit.)* **On recrute chez nous.**

MADELINE

C'est grotesque ! *(Elle regarde la porte.)*

CYRILLE

Cesse de regarder la porte. Personne ne va venir. Tout ça, c'est de la mise en scène. Planifié, orchestré. « Lauriane Dumasse Production » ! *(Il rit en voyant le regard chargé d'incompréhension de Madeline.)* **Viens avec moi.**

MADELINE

Non !

Cyrille, l'air dépité, la regarde un instant. Puis il la frappe avec la crosse de son flingue.

Tandis qu'il fredonne gaiement, la lumière s'éteint progressivement.

Scène 3

Dorian - Lauriane – Isabelle – Morgan

Des portières se fermant se font entendre, précédant les sirènes de la police. Dorian est dos au public.

Lauriane entre.

Elle s'approche de lui lentement. Elle est peu fière d'elle mais garde tout de même une certaine froideur. Morgan murmure des mots doux à l'oreille de Dorian qui, en larmes, fait face à sa mère. Il la regarde un instant, cherchant une quelconque réponse dans ses yeux. Lauriane, n'en pouvant plus, se soustrait à son regard embarrassant, s'apprête à sortir.

DORIAN

Maman ?

LAURIANE

Je n'ai aucune réponse à te donner. Je suis comme toi, hébétée de douleur. *(Ses mots sonnent faux. Elle s'approche de Dorian.)* **Ceux qui ont fait ça ne resteront pas impunis.**

Isabelle entre, affolée.

ISABELLE

Madame Dumasse, je ne trouve Madeline nulle part !

LAURIANE

Peut-être est-elle sortie ce soir ?

ISABELLE

Elle me l'aurait dit.

LAURIANE

Il est trop tôt pour croire à un enlèvement. Demain nous y verrons plus clair.

La lumière s'éteint.

Scène 4

Cyrille – Madeline

Madeline est assise tristement à même le sol.

Cyrille Cortez entre.

Il est muni d'un plateau repas. Il marque un temps. Il semble compatir à sa douleur physique et morale. Il pose le plateau sur la table et s'assoit à ses côtés. Elle le regarde sans expression.

CYRILLE

Madeline, faut que tu réagisses *! (Elle ne dit mot en continuant de poser sur lui un regard neutre.)* **Madeline, parle-moi...** *(Elle baisse la tête.)* **Ils veulent que je te supprime...** *(Madeline, toujours la tête baissée, ne dit mot.)* **Moi, je ne veux pas te tuer... Je leur ai dit.**

MADELINE

Pourquoi tiens-tu à sauver ma vie ?

CYRILLE

J'en sais rien... Je crois au destin. Tu n'étais pas là par hasard... Tu es à moi, maintenant. *(Madeline lève la tête* *surprise. Ils se regardent un long moment.)* **Crois-moi. Tu seras bien avec moi.**

MADELINE

Comme je te l'ai dit l'autre jour, tout ça c'est grotesque... Je veux rentrer chez moi.

CYRILLE

Je sais... Tu finiras pas comprendre que nous sommes faits l'un pour l'autre. *(Il se lève sous le regard chargé de larmes de Madeline)* **Je me casse aux Antilles buter Florian et sa famille.**

MADELINE

Pourquoi fais-tu ça ?

CYRILLE

C'est mon job.

MADELINE

(Elle rit de dégoût.) **Ça te plait de tuer ?**

CYRILLE

(Il la regarde un instant, puis sourit.) **Ouais !... Je reviens dans moins d'une semaine. Toi, médite sur le fait que la Dumasse qui était avec toi n'avait pas une once de considération pour toi. Et si je n'étais pas venu interrompre votre charmante conversation, elle te chassait.** *(Madeline le regarde, surprise.)* **Oui, Madeline. J'ai tout entendu.** *(Il s'apprête à sortir, puis s'arrête sur le pas de la porte.)* **Un docteur va venir pour t'avorter. Je suis chargé de supprimer tous les Dumasse, y compris celui que tu portes.**

MADELINE

Et si je ne le fais pas ?

CYRILLE

(Il la regarde tristement.) **Ne meurs pas pour eux. Ils ne le méritent pas. Aucun de nous ne mérite de mourir pour ce genre de personne dénuées d'empathie.**

Il sort.

Madeline se met à pleurer.

Scène 5

Inspecteur Debert - Lauriane - Dorian - Isabelle

Isabelle, Lauriane et l'inspecteur sont assis à une table, tandis que Dorian se tient debout à l'écart.

INSPECTEUR DEBERT
Pouvez-vous me donner un détail qui permettrait de croire à un enlèvement ou à une fugue ?

ISABELLE
Pourquoi voudriez-vous qu'elle ait fugué ?

LAURIANE
C'est une supposition, Isabelle. Rien de plus.

DEBERT
Essayez de réfléchir. Rappelez-vous d'un détail, d'une parole.

Isabelle se lève et se détourne d'eux.

ISABELLE

Madeline a un amant. Elle m'en a parlé hier matin.

Dorian, très inquiet, regarde Isabelle.

DEBERT

Bien. C'est un excellent indice. Peut-être est-elle partie sans vous le dire, pour vous punir.

ISABELLE

Me punir ? Pourquoi ?

DEBERT

Avez-vous approuvé le fait qu'elle ait une relation amoureuse ?

ISABELLE

(Après un temps.) Non.

LAURIANE

Vous connaissez le nom de cet homme ?

ISABELLE

Non, pas même son prénom.

DEBERT

Nous avons retrouvé des taches de sang dans votre cuisine près du buffet. Il semble peu probable que ce soit le sang de votre fille, madame Dumasse. J'ai envoyé les prélèvements au labo.

ISABELLE

Vous croyez que c'est le sang de ma fille ?

DEBERT
Eliane est morte sur le coup. Elle n'a pas pu se traîner jusqu'au buffet de la cuisine. Nous en saurons plus demain. Je suis désolé.

Il se lève et sort, les laissant abattues.

Scène 6

Madeline - Cyrille

Madeline est debout, face à une glace, une arme dans la ceinture de son pantalon. Elle prend la position du tireur. Elle se fixe sévèrement avant de dégainer. La porte s'ouvre, Cyrille entre. Madeline le met en joue. Cyrille sort la sienne et fait de même. Après un instant Cyrille rit aux éclats. Madeline baisse son arme et se précipite sur une chaise pour bouder.

CYRILLE

Dommage que ton flingue ne soit pas chargé, hein ?... *(Elle se détourne de lui. Cyrille se met à soliloquer en prenant une apparence et une voix féminine quand il fait mine de parler pour Madeline, et un timbre de voix joyeuse pour lui-même :)*
(Cyrille, Madeline) - **Ça va ? Bien les Antilles ?**
(Cyrille) - **Classe des classes, ma chouette ! Le super pied, les plages. Comme ça !**
(Cyrille, Madeline) - **Eh ! Le rouge écrevisse ne te va vraiment pas au teint.**
(Cyrille) - **Mais si -chérie-,** *(Il se caresse le visage.)* **je lance la nouvelle mode.** *(Madeline rit.)* **Et ça fonctionne un max auprès des filles. Elles me collaient pour être sous le feu de mes projecteurs.**

Ils se regardent avec le sourire. Puis Madeline se lève et s'approche de lui tristement.

MADELINE
Florian ?

CYRILLE
(Se détournant d'elle.) **Mort.**

MADELINE
Sa femme et ses enfants ?

CYRILLE
Morte. Je ne tue pas les enfants.

MADELINE
Dieu merci, ils sont vivants !

CYRILLE
Morts ! Je ne suis pas le seul tueur à gages sur le marché. D'ailleurs, si je continue à avoir des états d'âme, le boss va me virer, Maddy.

MADELINE
Ne m'appelle pas comme ça ! Et ton con de boucher de charlatan d'avorteur je l'ai envoyé se faire foutre.

CYRILLE
Très bien.

MADELINE
Tu n'es pas en colère ?

CYRILLE

(Ironiquement.) **Je vais te tuer à la tâche, ma petite Maddy
chérie.**

*Elle le gifle. Il lui rend. Etonnée qu'il ait osé la frapper elle
s'apprête à le gifler de nouveau mais il lui stoppe la main.*

CYRILLE

**A ce petit jeu, tu risques d'avoir beaucoup plus mal que moi,
Maddy chérie.**

La lumière s'éteint.

SCENE 7

Lauriane - Isabelle - Inspecteur Debert – Annie

Lauriane Dumasse est assise à son bureau. Elle lit son journal.

Isabelle entre, humble.

ISABELLE

Madame Dumasse, l'inspecteur Debert est là.

LAURIANE

Faites-le entrer.

Isabelle semble inquiète. Elle hésite à parler. Lauriane la fixe d'un regard implacable.

ISABELLE

Madame Dumasse ? Puis-je rester ?

LAURIANE

Non ! Votre présence m'indispose. Sortez !

Isabelle, confuse, courbe l'échine et sort. Lauriane fronce les sourcils en regardant la porte, puis elle regarde le porte-photos et le prend dans ses mains. Son regard s'assombrit.

*Isabelle entre, précédant l'inspecteur.
Elle sort.*

Lauriane s'approche de lui et lui serre la main.

DEBERT

Madame Dumasse.

LAURIANE

Asseyez-vous, inspecteur, je vous en prie.

DEBERT

Merci. *(Lauriane contourne son bureau et s'assoit.)* **Nous avons analysé le sang trouvé sur le sol de votre cuisine. Il s'avère qu'il ne correspond pas au sang de votre fille Eliane, qui est du groupe A positif. Le sang analysé est du groupe O négatif. Madeline Williams est justement de ce groupe.**

LAURIANE

Vous pensez qu'elle est en vie ?

DEBERT

(Il fait un signe d'incertitude. Il fixe Dumasse un instant.) **C'est un tueur à gages qui a abattu votre fille. Je crois savoir que vous n'êtes pas très aimée, Madame Dumasse.**

LAURIANE

Je ne fais pas un métier qui attire la sympathie, inspecteur Debert. Je ne m'en plains pas.

DEBERT

Justement. De quel métier s'agit-il, Madame Dumasse ?... Mes collègues et moi-même, nous nous posons beaucoup de questions sur les prétendues activités de votre firme.

LAURIANE

(Avec froideur.) **Nos activités sont clairement expliquées sur nos comptes rendus annuels.**

DEBERT

Cela me paraît peu explicite, Madame Dumasse. *(Lauriane se lève et le dévisage.)* **Florian Dumasse, votre fils aîné, est mort avant-hier. Ainsi que sa femme et ses enfants. Encore un tueur à gages, je présume. L'autopsie attestera s'il s'agit du même mercenaire.** *(L'inspecteur sourit.)* **Pour une mère, vous semblez peu choquée par la mort de votre enfant.**

LAURIANE

(Ton rauque.) **J'attendrais que vous soyez hors de ma demeure.** *(Elle l'invite à sortir.)* **Bonne journée, inspecteur.**

DEBERT

(Il se lève.) **Vous savez ce que je crois ?**

LAURIANE

Ce que vous croyez m'importe peu ! Je veux des faits. Je veux que vous retrouviez ce tueur !

DEBERT

Je vais retrouver bien plus que cela. Votre société est une couverture, qui est utilisée à des fins peu honorables. Vous avez dû doubler certains de vos investisseurs.

LAURIANE

Votre imagination semble, à vous entendre, très fertile.

DEBERT

Il y a moins d'une semaine, Madame Martin est venue nous voir. Son mari, Monsieur Frédéric Martin, a disparu. La veille, des hommes sont venus chez lui et l'ont menacé. Sa

femme a clairement entendu votre nom. Et la dernière chose que Monsieur Martin ait faite, c'est venir vous voir.

LAURIANE

C'est exact. Frédéric est venu ici. Mais il en est reparti. Maintenant, Inspecteur, j'ai des rendez-vous à préparer. Bonne journée. Je ne vous raccompagne pas. Vous connaissez la maison.

L'inspecteur sort.

Lauriane frappe la table de son poing. Puis après un instant, elle prend son téléphone et appuie sur une touche.

LAURIANE

Venez tout de suite.

Elle raccroche, prend un papier et écrit. Annie entre.

ANNIE

Madame Dumasse.

LAURIANE

Ils vont revenir ce soir... Cette fois-ci, vous serez là pour les accueillir.

ANNIE

Il n'y a aucun problème pour cela, Madame. J'attends ce moment depuis longtemps. Je m'ennuyais un peu tapie dans l'ombre.

LAURIANE

Très bien. C'est la réponse que j'attendais. Votre jeunesse, votre apparente innocence seront votre bouclier. On ne vous verra pas venir.

ANNIE

Puis-je me retirer ? J'ai mes armes à préparer.

LAURIANE

Faites, faites. *(Annie s'apprête à sortir. Lauriane se lève.)* Protégez Dorian, quoi qu'il en coûte.

ANNIE

Autant que je dois protéger Morgane, non ?

LAURIANE

Dorian, j'ai dit ! Sortez !

Annie se retire.

Le téléphone retentit.

LAURIANE

Oui ! *(Elle écoute en fronçant les sourcils.)* Laissez-moi encore quelques jours... Vous ne me laissez pas d'autre choix... Vous spéculez sur des hypothèses sans fondements. Je vous ai dit que vous auriez l'argent au plus tard vendredi. Que voulez-vous de plus ?... *(Son ton est d'une froideur extrême.)* Non, c'est vous qui allez m'écouter ! Vous avez décidé que ce serait ainsi et pas autrement. Et quel que soit l'arrangement que je vous soumette, votre réponse reste négative. Vous jubilez à l'idée de détruire ma firme et tout ce qui m'est propre. Si c'est ce que vous voulez, mettez-vous dans le crâne que ma firme ne coulera pas toute seule !

Elle raccroche rageusement.
Les lumières s'éteignent lentement.

Scène 8

Isabelle - Dorian - Inspecteur Debert – Morgan

Isabelle épluche des pommes de terre.

Dorian entre.

DORIAN
Isabelle, je peux te parler ?

ISABELLE
Oui, mon petit Dorian.

Il s'assoit à ses côtés et lui prend les mains affectueusement.

DORIAN
Qu'est-ce que t'a dit Madeline sur son prétendu amant ?

ISABELLE
Pas grand-chose. Dorian, tu crois qu'elle serait partie avec lui ? Sans même me dire au revoir ?

DORIAN

Non. Non Isabelle. Maddy n'aurait jamais fait ça. *(Il soupire.)* Isabelle, il faut que tu saches certaines choses.

L'inspecteur Debert entre.

Isabelle se précipite vers lui.

INSPECTEUR

Madame Williams, Monsieur Dumasse. *(Ils se saluent.)* Je viens de parler avec votre mère. Madame Williams, le sang trouvé près du buffet est bien celui de votre fille.

ISABELLE

(Pleurant.) Oh, mon Dieu !

DORIAN

(La prenant dans ses bras.) Est-elle vivante ?

INSPECTEUR

Difficile à dire. Le tueur a dû l'emmener. Pour quelle raison, je n'en sais rien. Nous ferons tout ce qui est humainement possible pour la retrouver saine et sauve. Monsieur Dumasse, restez dans le coin au cas où il faudrait vous interroger.

Dorian acquiesce tristement.

Il fait un salut de la tête et sort.

Dorian aide Isabelle, en pleurs, à s'asseoir.

DORIAN

Ils vont la retrouver, j'en suis sûr.

ISABELLE

Oui, Dorian. Tu es un bon fils. *(Il lui fait un sourire pincé. Elle se lève et se dirige vers la sortie. Puis elle stoppe sa marche et lui refait face.)* Dorian ? Tu avais quelque chose d'important à me dire ?

DORIAN

Non, Isabelle. C'est personnel. Ça peut attendre.

Il lui fait un sourire. Morgan entre munie de sacs de grands magasins.

MORGAN

(Elle dépose les sacs sur la table.) Bonjour, Isabelle. Bonjour, Dodo.

ISABELLE

Bonjour, Morgan.

MORGAN

Vous voulez voir ce que j'ai acheté ? *(Isabelle baisse la tête, tristement.)* Oh, je suis désolée. Quelle maladroite je fais.

ISABELLE

Tu n'es pas responsable.

MORGAN

Oui. Mais je suis quand même désolée, pour Madeline. Le pire, je crois, c'est de ne pas savoir ce qui lui est arrivée.

ISABELLE

J'ai toujours espoir qu'on la retrouve en vie... C'est mon unique enfant. Et même si on ne s'est pas toujours entendues, je l'aime plus que tout.

MORGAN

Elle le sait... Elle reviendra et peut-être qu'on en saura plus sur la mort de ma sœur. *(Elle prend une des robes et la colle à son buste en regardant Dorian.)* **Dorian, laquelle tu préfères ?**

DORIAN

(Il rit tout en faisant une grimace de douleur.) **Il n'y a que toi pour penser à t'acheter des conneries dans un moment pareil. Tu ne vois pas ce qui se passe ?**

Morgan baisse la tête, tristement.

ISABELLE

Dorian, calme-toi !

Dorian regarde un instant Isabelle, puis sa sœur.

Il sort.

Morgan, en pleurs, prend ses sacs et sort.

La lumière s'éteint sur l'air dépité d'Isabelle.

Scène 9

Madeline – Cyrille

Madeline se met dans la position du tireur sous l'œil attentif de Cyrille qui pouffe de rire.

MADELINE

Pourquoi ris-tu ?

CYRILLE

Tu t'es regardée ? *(Il rit de plus belle.)*

MADELINE

Quoi ?

CYRILLE

Mate ta tenue ! *(Il fait mine d'imiter Madeline qui, vexée, fait la moue.)* **Maddy, ça, ça fait ringard. Ca fait -ploukosse-.**

MADELINE

C'est le terme que tu emploies qui fait bien -plouk-. Dans les séries télé, c'est comme ça qu'ils font.

Il rit grossièrement. Madeline le pousse et le déséquilibre, puis va s'asseoir sur une chaise. Il la regarde un instant avant de s'approcher, l'arme à la main et penché. Il lui colle l'arme sur la tempe.

CYRILLE

Comme ça, c'est plus classe, ma -choutte- !

Madeline se lève, furieuse.

MADELINE

T'es complètement malade ! *(Il la vise toujours en tenant l'arme penchée.)* **Tu te crois intelligent? T'es qu'un p'tit branleur. Tu crois que tu vas tuer qui en tenant ton arme de cette manière ?**

CYRILLE

J'ai déjà tué des tas de gens, et si tu continues à me faire chier, je te compterai parmi eux. *(Il la fixe avec intensité.)* **C'est comme ça qu'on tient une arme. Parce que c'est fun, le pied, l'extase.** *(Tout en tournant autour d'elle, tantôt en la visant, le flingue penché, tantôt en la regardant de ses yeux fous.)* **Tu comprends ? Faut du style au 21ème siècle. Les Cow-boys avaient un style.** *(Il mime tout ce qu'il dit.)* **Ils écartaient les jambes, ils plissaient les yeux, l'air menaçant.** *(Elle le regarde avec ironie. Il s'approche d'elle.)* **Little big man était plus convaincant, je te l'accorde.** *(Il remet l'arme sur la tempe de Madeline.)* **J'suis menaçant là, hein ?** *(Elle le regarde, déroutée.)* **Maintenant, c'est le règne de Pulp fiction. Et l'arme, si tu ne veux pas paraître pour le dernier des connards, tu la tiens comme ça.** *(Il lui met l'arme dans la main et la lui penche en l'incitant à le viser.)* **Tu la sens, la puissance? C'est merveilleux, non ?**

MADELINE
Effectivement, je la sens « la puissance ». Tu es à ma merci.

CYRILLE
(Il sourit.) **Tire, ma -choutte- !** *(Madeline, après un moment, baisse son arme. Il la lui prend et lui pointe sur la tête.)* **Première leçon : ne jamais hésiter.** *(Il tire. Madeline a un sursaut de frayeur. Cyrille rit.)* **Pas de balle.** *(Il l'embrasse sur la joue.)* **Je sais que tu ne me tireras pas dans le dos, maintenant. La prochaine, je le charge, chérie. Oh, j'allais oublier. Demain je t'emmène chez Dumasse. J'suis sensé buter Morgan, ou Dorian. Enfin, peu importe.** *(Il prend une enveloppe dans sa poche intérieure et l'ouvre. Il en tire une photo.)* **Ouah ! Quelle bombe !**

MADELINE
Quoi ? *(Madeline regarde la photographie.)*

CYRILLE
Elle est bonne !... Elle ressemble à l'autre.

MADELINE
Morgan et Eliane sont jumelles… Tu vas vraiment la tuer ?

CYRILLE
Non, d'abord je me la tape.

Il rit. La lumière s'éteint.

Dans le noir complet.

MADELINE
Espèce de salaud !

Scène 10

Morgan - Dorian - Cyrille - Madeline - Annie

Morgan entre dans la cuisine.

Elle regarde le tracé que la police à fait autour du corps de sa jumelle. Elle est triste, puis elle se ressaisit.
Elle s'assoit et déguste un yaourt.

Dorian entre.

DORIAN
Morgan, on peut discuter ?

MORGAN
Ouais.

DORIAN
(Il s'assoit.) **Je suis vraiment désolé pour tout à l'heure.**

MORGAN
Tu n'as pas à l'être. Je n'aurais pas dû m'extasier face à mes nouveaux vêtements... Tu sais, moi je préfère oublier tout

ça. *(Elle pleure.)* J'ai l'impression que ça aurait pu être moi, ou toi. Dorian, j'ai peur que ça ne soit pas fini... Maman...

DORIAN

Je sais. Je vais lui parler. Moi aussi, je me pose beaucoup de questions sur la firme.

CYRILLE

Et bien, c'est pas trop tôt !

Dorian se lève brusquement. Morgan, affolée, se planque derrière son frère quand elle voit l'arme que Cyrille pointe sur eux.

DORIAN

Qui êtes-vous ?

CYRILLE

J'vais t'la faire à la Rambo : « ton pire cauchemar ». *(Cyrille rit aux éclats.)* J'vais vous présenter quelqu'un. Vous allez la kifer d'enfer ! Viens ici. *(Madeline entre, sous l'œil effaré de Dorian et Morgan.)* Ça valait le coup de voir vos têtes d'ahuris.

DORIAN

Maddy ?... Je ne comprends pas. *(Madeline reste à fixer Dorian, sans voix.)* Qu'est-ce que tu fais là ?

CYRILLE

Je commence par qui, Maddy chérie ?

MADELINE

J't'en prie, Cyrille. Laisse-les tranquille. Ils n'ont rien fait.

CYRILLE

Quoi !? Lui, là ? Il t'a bien traitée comme une traînée, non ? *(Il lui met le flingue dans la main tout en continuant à le tenir. Il la force à le pointer sur Dorian et Morgan.)* **Allez, tire, chérie.**

Annie entre, tire sur Cyrille et l'atteint au bras gauche. Malgré sa douleur, il tire sur Annie qui esquive le coup et se plaque au sol. Morgan tente de s'échapper mais se fait tirer dessus par Cyrille, sous les cris d'alerte de Dorian. Cyrille décharge son chargeur dans la direction d'Annie pour couvrir sa fuite et celle de Madeline. Annie se montre et court dans la direction de ses agresseurs. Un silence pesant se fait. Dorian s'approche du corps inerte de sa sœur et le prend dans ses bras.

DORIAN

Morgan, non ! J't'en prie, ne meurs pas ! *(Il pleure. Annie entre, revolver en main.)* **Qui êtes-vous?**

ANNIE

Votre mère m'a engagée pour veiller sur vous.

DORIAN

Veiller sur nous ? *(Il pleure.)* **Elle est morte... Elle est morte !**

La lumière s'éteint dans son hurlement.

Scène 11

Madeline - Cyrille

Madeline entre furibonde.
Elle est suivie de près par Cyrille, traînant son air cynique.

MADELINE

Je ne marche plus ! Tu entends ? Tes sales combines, tu peux te les mettre où j'pense.

CYRILLE

Cool, Raoul ! Calme tes neurones, poupée.

Elle fait volte-face et se précipite vers lui.

MADELINE

La ferme, Cyrille ! Quand comprendras-tu que ce n'est pas un jeu. Oublies ? la maternelle et redescends sur Terre !

CYRILLE

Sur Terre, j'y suis bien ancré. Regarde ça. *(Il sort une liasse de billets.)* La grosseur est impressionnante, non? La moitié est pour toi. Avec ça, tu vivras une vie de rêve. Pour toi, pour ton bâtard et pour ta balayeuse de mère. Plus de soucis pour le restant de ta vie.

MADELINE

(Tristement.) Pour cela, il faut tuer Dorian.

CYRILLE

(Il sourit.) Où est le problème ? C'est un nul qui ne t'a jamais aimée.

MADELINE

(Se détournant de lui.) Qui est assez fou pour payer autant la mort d'un homme ?

CYRILLE

Non, non, non ! Ce genre de questions n'est pas -posable-.

MADELINE

Je veux savoir pour qui je travaille.

CYRILLE

Pour ta sécurité, prends l'aumône que l'on te donne et trace ta route, ma poule.

La lumière s'éteint.

Scène 12

Inspecteur Debert - Lauriane – Dorian - Madeline

*L'Inspecteur entre dans la cuisine,
suivi de Dorian et Lauriane.*

DEBERT
Dorian, pouvez-vous me raconter ce qui s'est passé ?

DORIAN
Je vous ai déjà tout dit.

DEBERT
Je veux que vous recommenciez.

LAURIANE
Ne voyez-vous pas que cet enfant est en état de choc ?

DEBERT
Assurément plus que vous, c'est évident.

LAURIANE
Vos insinuations sont déplacées, Inspecteur Debert.

DEBERT

Lequel de vos enfants va y passer la prochaine fois ? Ou peut-être est-ce vous ?... Parlez-moi de votre firme, madame Dumasse.

LAURIANE

Il n'y a rien à en dire, Inspecteur.

DORIAN

Maman, tu...

LAURIANE

(Interrompant son fils.) Il n'y a rien à ajouter, mon fils !

L'inspecteur regarde un instant Dorian, qui se détourne de lui.

DEBERT

Très bien. Si je ne puis officieusement obtenir quelques renseignements, alors je vais passer par les voies officielles. Madame, Monsieur.

Il sort.

Lauriane se met pensivement à la fenêtre. Dorian reste planté au beau milieu de la pièce, l'air grave. Après un instant, sans regarder sa mère, il se décide à parler.

DORIAN

Je n'ai pas tout dit à l'Inspecteur. *(Lauriane, surprise, pose son stylo.)* Il n'était pas seul... Maddy était avec lui.

LAURIANE

(Elle se lève.) Qui ?

Elle s'approche de lui, l'air interrogateur.

DORIAN

Madeline.

LAURIANE

De quoi parles-tu ? *(Elle se positionne face à son fils.)* Dorian ?

DORIAN

Madeline, elle était là... Celui qui a tué Morgan... Il lui a mis un revolver dans les mains... Il l'a forcée à nous viser... *(Il pleure.)* Mais elle disait « non » !... Après, Annie est arrivée et puis ça tirait de partout. Morgan s'est levée, comme je l'ai dit à l'Inspecteur... Et... Et elle est morte.

LAURIANE

(Elle le regarde étonnée.) Qu'est-ce que faisait Madeline avec lui ?

DORIAN

(Il baisse la tête, peu fier de lui.) Maman... Il y a plus grave... *(Il se détourne d'elle et cherche son souffle.)* Maddy m'aimait... Je l'aimais. *(Il la regarde tristement.)* Je l'aime et je ne lui ai jamais dit... Par fierté, je l'ai rejetée quand j'ai su qu'elle attendait un enfant de moi. *(Lauriane se positionne face au public, l'air grave, tandis que son fils s'approche lentement.)* Je l'ai toujours aimée... Je l'ai toujours désirée. Plus que tout. *(Il pleure.)* Mais je suis trop stupide. Eliane m'a fait voir des choses qui n'existaient pas, et... et je l'ai bafouée. Mais cela n'était que pure lâcheté de ma part. Je ne pouvais assumer ma paternité parce que j'avais peur... Peur de ta réaction et de te déplaire. *(Lauriane regarde toujours le public, elle lui tourne toujours le dos. Les larmes lui*

sont venues aux yeux mais elle les refoule. Dorian, suppliant la prend dans ses bras.) **Maman... Maman, dis quelque chose...**

Isabelle entre.

Dorian, l'ayant perçue, jette un dernier regard à sa mère.

Il sort sans regarder Isabelle.

Isabelle terrifiée par Lauriane, n'ose la regarder. Elle s'assoit et coud une chemise. Lauriane l'observe un moment, silencieusement. Puis elle s'approche avec une froideur excessive.

LAURIANE

Isabelle, j'ai à te parler.

ISABELLE

(Elle pose son ouvrage sur la table et se lève.) **Vous avez des nouvelles de Madeline ?**

LAURIANE

Oui, j'ai des nouvelles de Maddy... C'est ainsi que Dorian l'appelle, non ?

ISABELLE

Je ne comprends pas.

LAURIANE

(Hurlant.) **Tu ne comprends pas ? Tu ne comprends pas !? Ta salope de fille couche avec mon fils ! Tu sais ce que cela signifie ?... Pire encore, elle est enceinte de Dorian !** *(Encore plus menaçante, elle s'approche d'Isabelle.)* **Où est-elle ?**

ISABELLE

(Apeurée.) Je ne sais pas. Je ne l'ai pas revue depuis... Depuis la nuit où Eliane est morte.

LAURIANE

Je vais te dire où est Madeline. Elle est avec un tueur à gages engagé par mon ennemi pour tuer ma descendance. Elle a participé au meurtre de Morgan et elle s'apprête à tuer de nouveau parce que Dorian ne voulait pas de l'enfant. Elle se venge de moi et de mes semblables sans savoir ce que cela signifie ! Je réitère ma question une dernière fois : où est Madeline ?

ISABELLE

Je vous l'ai dit. Je l'ignore... Je vous jure que c'est la vérité.

LAURIANE

(Elle la regarde un instant.) Si tu as menti je te le ferai payer très cher. Il y a vingt ans, je t'ai épargnée, toi et ta sale gosse. Aujourd'hui, je ne serai pas habitée d'une telle clémence.

Elle fait volte-face et disparaît sous l'œil hagard d'Isabelle. Cette dernière se met à pleurer.

La lumière se tamise. Les pleurs d'Isabelle s'étouffent. La lumière se rallume, Isabelle a séché ses larmes et prépare le repas sans aucune énergie.

Madeline entre.

Isabelle ne semble pas surprise de l'entrée de sa fille. Elles se dévisagent toutes les deux, puis le regard d'Isabelle se fixe sur le ventre de Madeline avant de se détourner. Madeline s'approche.

MADELINE

Je suis venue te chercher.

ISABELLE

(Elle pouffe de rire nerveusement, avant de prendre un ton et un air grave.) **Toi qui voulais si peu me ressembler, tu as reproduit ce que j'ai fait. Mais c'est une très mauvaise photocopie.**

MADELINE

Je ne te ressemble certainement pas, maman.

ISABELLE

(En lui souriant tristement.) **Lauriane Dumasse a toujours été une femme dure. Très dure... Gérard Dumasse était un homme droit, mais dénué de courage. Certains diront même qu'il était un de ces lâches sans fierté ni amour-propre... Moi, je dirais que c'était un rêveur qui aurait dû naître ailleurs... Leur mariage était calculé, négocié. Deux familles bourgeoises. Leur destin était là... Je ne pense pas qu'ils se soient aimés.** *(Madeline, exaspérée, soupire grossièrement. Isabelle lui sourit avant de la regarder tristement.)* **Ne t'inquiète pas, ma fille. Tu vas comprendre où je veux en venir... J'ai aimé profondément cet homme. Mais lui, je ne sais pas si ses sentiments étaient égaux aux miens. A vrai dire, je n'ai jamais rien su de lui. C'était un de ces hommes inexpressifs, trop apeuré pour se montrer sous son vrai jour.** *(Elle semble se parler à elle-même.)* **Dans l'ombre d'une Lauriane de plus en plus dure, dirigeant les affaires des Dumasse avec fermeté. Je crois que c'est pour cela qu'il a cherché un réconfort ailleurs que dans sa couche... Voilà pourquoi tu es une mauvaise copie. J'ai aimé un Dumasse, tout comme toi.** *(Elle s'approche de Madeline qui recule, commençant à comprendre ce que sa mère avait voulu dire.)* **Sauf que toi, tu n'en avais pas le droit. Si ton père t'avait**

reconnue, tu porterais le nom des Dumasse. Mais il a préféré, un de ces beaux jours d'été, se tirer une balle dans la tête au lieu d'affronter ça.

Madeline reste abasourdie. Après quelques instants de stupeur, elle ose prononcer le Nom.

MADELINE

Dorian ?

ISABELLE

Dorian est ton frère... Ton demi-frère serait plus juste.

Madeline se met à faire les cent pas, crisant.

MADELINE

Personne n'est au courant ? Il a emporté son secret dans la tombe ?

ISABELLE

Non ! Lauriane est au courant.

MADELINE

Elle est au courant !? *(Elle regarde sa mère qui baisse la tête, honteusement.)* Et elle ne t'a pas chassée ? ... Qu'est-ce que c'est que cette histoire !?... C'est un cauchemar ! Pourquoi es-tu restée ici ? *(Elle crie et pleure.)* Pourquoi ne m'as-tu rien dit ? Pourquoi me racontes-tu ça maintenant ? Pourquoi !?

Elles se regardent un instant, les larmes aux yeux.

ISABELLE

Il faut que tu arrêtes ça tout de suite. Tu dois les empêcher de tuer encore !

MADELINE
C'est impossible ! C'est trop tard !... Mon Dieu, non !

ISABELLE
Tu veux tous les tuer pour venger le fait que Dorian n'a jamais voulu légaliser votre union ? Alors tu vas le tuer ? Mais si les Dumasse doivent disparaître de la surface de la terre, ça aussi tu dois le faire disparaître. *(Tout en montrant le ventre de Madeline.)* Et pour clôturer l'histoire, tire-toi une balle dans la tête comme ton père. Car, que tu le veuilles ou non, tu es une Dumasse, même si tu n'en portes pas le nom… Alors réfléchis aux conséquences de tes actes... Je te demande de me pardonner. Mais je n'aurais jamais pu imaginer que ça tournerait de cette manière.

Les deux femmes se regardent longuement avec amertume.

Noir progressif

Scène 13

Annie – Dorian –Lauriane – Isabelle - Debert

Annie est dos au public. Elle manipule des objets sur le bureau de Lauriane Dumasse.

Dorian entre.

Annie, gênée, lui fait face en prenant soin de garder hors de sa vue les objets.

DORIAN
Qu'est-ce que tu fais, Annie ?

ANNIE
Rien de bien important, Monsieur.

DORIAN
Tu permets que je reste seul ?

Annie acquiesce de la tête et s'apprête à ranger les objets. Dorian contourne le bureau. Il voit les armes à feu. Il regarde Annie avec inquiétude. Puis il prend une arme et la regarde, non sans une certaine réserve.

ANNIE

Gardez-la. *(Elle range les armes dans un sac sous l'œil chargé de questions de Dorian.)* **Ceci est pour votre sécurité et celle de votre famille.**

DORIAN

Qu'est-ce qui arrive, Annie ?

ANNIE

(Elle soupire grossièrement.) **Cette question, c'est à votre mère qu'il faudrait la poser.** *(Elle prend l'arme des mains de Dorian.)* **Ainsi, elle est chargée.** *(Elle enlève le cran de sécurité)* **Ainsi, elle est armée. Prête à l'emploi… Visez.** *(Elle se met dans la position du tireur.)* **Tirez…** *(Elle la rend à Dorian qui s'en saisit immédiatement.)* **Si quelqu'un entre dans cette villa sans y être convié, tuez-le sans hésiter.**

Elle prend le sac et sort.

Elle laisse Dorian perdu dans un dédale de questions.

Lauriane entre.

Elle s'assoit à son bureau sans prêter la moindre attention à son fils.

Isabelle entre, l'air grave, sans daigner frapper.

Lauriane la regarde, stupéfaite d'une telle audace.

LAURIANE

Je ne t'ai pas conviée, Isabelle.

ISABELLE

Il faut lui dire.

LAURIANE

Ais-je sollicité tes conseils une seule fois dans ma vie ?

ISABELLE

(Nullement intimidée.) **Dorian doit savoir.**

DORIAN

Savoir quoi, Isabelle ? *(Dorian s'approche de sa mère, qui détourne son regard de lui.)* Je veux tout savoir, aujourd'hui.

LAURIANE

Isabelle n'a pas plus de jugeote qu'un moineau. *(Elle se lève, tout en lançant un regard haineux à Isabelle.)* Mais, soit, je me plie à son bon vouloir... Ce que tu sais de la mort de ton père est faux. Il n'est pas mort sur le continent d'Asie victime d'une mauvaise fièvre. Il est mort ici, dans ce bureau, victime de sa nonchalance.

ISABELLE

Lauriane, ce n'est...

LAURIANE

Ferme-là ! *(Après un sursaut de frayeur, Dorian sent les larmes lui monter aux yeux, tandis qu'Isabelle baisse la tête.)* Tu voulais qu'il sache. Alors il va apprendre, mais à ma manière... Cette femme que tu regardes si tendrement est responsable de la mort de ton Père. Ils avaient une liaison, elle est tombée enceinte. Ton père s'est suicidé à la suite de ça. Après que j'ai découvert leurs ébats scandaleux.

DORIAN

Pourquoi me dire ça aujourd'hui. Est-ce que ça a un rapport avec les meurtres de mes frères et sœurs ?

LAURIANE

(Elle se détourne de lui. Puis, reprenant son aspect froid et glacial, elle lui fait face.) **L'enfant est né. Ici... Et vous avez grandi ensemble.**

Dorian affiche un air grave. Il regarde longuement sa mère, puis Isabelle, l'air interdit. Il s'avance vers le devant de la scène. Il reste un instant sans mot dire avant de prononcer une phrase d'une voix tremblotante.

DORIAN

Ne me dites pas que c'est Maddy ?

Dorian se tourne vers elles, cherchant la négation qui pourrait le réconforter. Mais rien. Isabelle baisse les yeux, honteuse. Lauriane s'approche de Dorian et lui prend le visage dans ses mains.

LAURIANE

J'ai vu ton visage commencer à me regarder avec crainte. Ne plus être celui, aimant, qui me donnait la force de continuer. Et ton amour envers cette femme, qui a jeté le malheur dans notre maison, garder tout son éclat... Je lui ai envié deux choses dans ma vie. Être aimée des deux hommes qui m'étaient le plus cher.

Des larmes commencent à poindre.

Elle serre les poings et sort précipitamment.

La porte est grande ouverte. Dorian et Isabelle se regardent sans mot dire, un long moment.

ISABELLE

Dorian, tu dois savoir...

DORIAN

(Avec dégoût et hargne.) **Ne dis plus rien ! Comment as-tu pu faire ça à ma mère ?**

ISABELLE

Ton père n'a jamais aimé ta mère.

DORIAN

(Furieux.) **Comment ne pouvait-il aimer une femme à qui il a fait cinq enfants !?**

ISABELLE

Lauriane a toujours été orgueilleuse et froide avec...

DORIAN

(Hurlant et pleurant.) **Cette froideur qui ne la quitte jamais, je trouve enfin son -pourquoi- ! Tu la trompais, mon père la trompait. Ici, dans cette maison... Sa souffrance, je la comprends ; sa tolérance, elle, je ne peux la comprendre. Comment a-t-elle pu vivre aussi longtemps à tes côtés ?**

ISABELLE

Je veux t'expliquer, comme j'ai expliqué à Madeline hier.

DORIAN

(En entendant ce nom, il se calme.) **Tu as vu Maddy ?** *(Isabelle fait un signe positif.)* **Elle est donc au courant.**

Dorian reste pensif.

ISABELLE

Elle voulait que je parte avec elle. J'ai refusé. Je lui ai parlé de votre père... De ta mère. Cette femme qui ne l'a jamais aimé pour ce qu'il était. Qui n'a jamais été émue par la grandeur d'âme de Gérard Dumasse... C'était un mariage de raison. Seule la richesse était source d'amour et d'union. Lauriane faisait tout ce qui lui chantait sans le moindre égard pour lui. Seule la firme comptait. Ton père aspirait à une vie plus simple. Il n'avait pas le goût des affaires et ta mère lui en a maintes fois fait le reproche... Je comprenais sa peine et nos anodines discussions furent le tremplin d'un amour qui vit encore en moi. Ton père voulait divorcer, mais elle refusa. La convenance, répétait-elle. Avant de se donner la mort, Gérard mit Madeline dans son testament. Si Lauriane ne subvenait pas à nos besoins, elle se verrait amputée de la moitié de sa fortune. Tant que nous restions sous sa protection, l'existence de Madeline en tant qu'héritière testamentaire des Dumasse ne serait jamais connue. C'est pourquoi nous avons gardé le silence... J'ai respecté le choix de ton père par amour pour lui. Lauriane, pour garder intacte sa maudite fortune... Tu ressembles beaucoup à ton père. Je pense que c'est pour cela que ma fille t'a aimée. J'aurais dû voir venir votre amour... Mais je sais que ton père aurait été fier de ce que tu es devenu.

DORIAN

(D'une voix fluette.) Non, sûrement pas... J'aime Maddy, mais je ne lui ai jamais été fidèle. Pire encore, je savais que son amour était sincère et je l'ai envoyée se faire avorter. Mon père n'aurait jamais fait ça... Il t'a gardé, toi et l'enfant, et pour payer sa faute, il s'est tué... Ma ressemblance s'apparente aux traits de mon visage et non à la droiture de mon âme.

L'inspecteur entre.

Il semble soucieux. Il tient une enveloppe. Il marque un temps de pause avant de parler.

DEBERT

Puis-je vous parler seul à seul ?

Isabelle sort sans un mot.

Il s'avance vers Dorian et lui serre la main chaleureusement.

DEBERT

J'ai un service à vous demander... Voilà, je pensais que vous pourriez nous aider à arrêter ce dangereux malfaiteur.

DORIAN

Qui est-il ?

DEBERT

Cyrille Cortez. *(Il ouvre une enveloppe et lui tend son contenu. Dorian le prend et le regarde avec attention.)* **Il travaille pour un organisme international.**

DORIAN

Quel est son secteur d'activité ?

DEBERT

Espionnage privé, espionnage industriel, filature, meurtre, règlement de comptes. Bref, tout genre d'affaires sombres.

DORIAN

Quel rapport avec ma mère ?

165

DEBERT

(Il semble embêté.) **Suis-je obligé de répondre à cela ?**

DORIAN

Si vous êtes venu me demander d'être l'appât, j'ai le droit de tout savoir.

DEBERT

Exact. Asseyez-vous, Dorian. *(Dorian s'exécute immédiatement en lui tendant les photos. Debert prend une chaise et se met face à lui, tout en les rangeant.)* **Votre mère a bâti son empire en écrasant bon nombre de ses investisseurs. Pour se débarrasser de personnes gênantes, elle a employé des méthodes peu orthodoxes.**

DORIAN

C'est-à-dire ?

DEBERT

(Gêné.) **Il y a parfois eu meurtre. Tous les contacts que nous avons eus sur la firme de votre mère ont disparu. Il y a quinze ans, quand on m'a confié l'affaire Dumasse, je ne pensais pas que cela durerait aussi longtemps. Mais votre mère a toujours été très intelligente... Jusqu'à aujourd'hui... Elle a voulu s'attaquer à plus fort qu'elle. La firme concurrente, dont je tairai le nom, a payé une société de tueurs professionnels pour descendre tous ceux qui la touchent de très près. Lauriane n'a pas tenu compte de l'avertissement. Ou peut-être se fichait-elle royalement de ce qui pouvait bien vous arriver. La femme de Monsieur Martin est certaine que son mari était venu ici, et qu'il n'en est jamais ressorti... J'espère élucider cette affaire avant de prendre ma retraite.**

Dorian reste sans mot dire. Puis il le fixe, l'air interrogateur.

DORIAN
Avez-vous déjà aimé, Inspecteur ?

DEBERT
(Il le regarde, indécis et quelque peu gêné.) **Ai-je déjà aimé ?**
(Il sourit.) **Oui. Mais c'est le genre de conversation que
j'évite, en général.**

DORIAN
Parce que vous n'avez jamais connu quelqu'un de beau, de
gai...

DEBERT
Fou est celui qui croit que l'amour n'est que gaieté.

Lauriane entre.

*Elle jette un regard impartial à l'Inspecteur qui se lève,
nullement intimidé.*

DEBERT
Je vous laisse, jeune homme. *(Il s'apprête à sortir. Au dernier
moment il revient vers Dorian.)* **Nul en ce monde ne reste
impuni, mon enfant.**

Il sort vindicatif, sous le regard chargé de haine de Lauriane.

Dorian se lève et s'avance vers elle.

LAURIANE
Quelle imbécillité t'a-t-il dit ?

DORIAN

(Il rit nerveusement un instant. Puis il se fige et prend l'aspect froid et hautain de sa mère.) **Qu'est devenu Frédéric Martin ?**

LAURIANE

Je te l'ai déjà dit. Il est reparti d'ici après notre entretien.

DORIAN

(Il hurle.) **C'est faux ! J'étais assis dans l'escalier, face à ta porte. Je l'ai vu entrer. Mais je ne l'ai jamais vu ressortir. J'attendais de le voir sortir pour te parler de choses me concernant !**

LAURIANE

(En colère.) **Ne t'avise plus d'élever le ton ainsi ! Je t'ai toujours traité bien mieux que les autres. Ce que je fais, je le fais en pensant à toi.**

DORIAN

(Hurlant de plus belle, et pleurant.) **Oh, non ! Ne me rends pas responsable de tes agissements ! T'ai-je demandé quoi que ce soit ?... Est-ce que je t'ai demandé une seule fois de m'élever au-dessus des autres !?... Ce qui ce passe aujourd'hui, c'est à toi que nous le devons. Tu es la seule et l'unique coupable de la mort de mon frère et de mes sœurs. C'est toi qui les a tués et personne d'autre !**

Il sort en courant.

Noir.

Scène 14

Madeline - Cyrille - Dorian - Lauriane
Isabelle - Debert - Annie

Cyrille est assis à même le sol aux côtés de Madeline. Ils sont face au public. Cyrille met son bras sur les épaules de Madeline, qui semble anéantie.

MADELINE

Et si on se cassait avec la liasse ?

CYRILLE

Sans les buter ?

MADELINE

Oui, pourquoi pas ? Qui nous retrouvera ?

CYRILLE

(Il rit.) **Ils retrouveraient même le père Noël planqué dans un iceberg.**

Le silence se fait.

MADELINE

Je suis maudite.

CYRILLE

Maddy, tu devrais pas dire ça. Tu as toute la vie devant toi...
Une vie pleine d'argent et de plaisirs.

Elle le regarde en pleurs silencieusement. Cyrille compatit à sa douleur.

MADELINE

Les Dumasse doivent mourir. C'est ce que tu as dit ?

CYRILLE

Oui, c'est ce que j'ai dit. Tu n'as rien à craindre.

MADELINE

Tu dis m'aimer. M'aimerais-tu si j'en étais une ?

Ils se regardent un instant.

CYRILLE

C'est une question stupide, Maddy... Tu devrais réagir. Je
t'appelle Maddy depuis tout à l'heure et tu dis rien.
D'habitude, tu m'hurles dessus. *(Il sourit.)* Je préfère ça...
ça me manque finalement.

Ils se sourient légèrement.

MADELINE

Réponds à ma question.

CYRILLE

Je n'aime ni ne déteste les Dumasse. C'est mon job. Ce que j'ai décidé de faire pour gagner ma croûte... Ni amour, ni haine. Juste une bonne liasse de billets.

MADELINE

Je l'aime.

CYRILLE

Il en a de la chance.

Elle lui jette un regard pitoyable.

MADELINE

Je ne peux pas faire ça.

CYRILLE

Même après ce qu'il t'a fait ?

MADELINE

Que m'a-t-il fait au juste ?

CYRILLE

Tu crois que c'est normal qu'un type envoie sa nana se faire avorter et la traite comme une moins que rien ? C'est l'amour vache chez les Dumasse... De toute façon, avec un nom de gonze, c'est normal qu'il agisse ainsi. *(Il lui fait un clin d'œil.)* Moi, j'aurais été heureux d'être à sa place... Madeline, j'aimerais qu'on prenne une maison en Floride, ou ailleurs, peu importe. Le temps que tu mettes au monde le bébé. Je pourrais l'élever avec toi.

MADELINE

(Avec lassitude.) C'est un Dumasse.

CYRILLE

Qui le sait à part nous ?

MADELINE

J'ai peur.

CYRILLE

C'est normal... Elle est en nous. Elle nous tient les tripes continuellement... La peur, elle est ancestrale.

Après une longue étreinte, Cyrille se lève, laissant Madeline seule, recroquevillée sur elle-même. Une lumière tamisée se fait. Elle pleure la tête enfouie dans ses jambes. Elle relève la tête lentement.

MADELINE

Que reste-t-il au chant du coq ?
Hormis la peine,
Hormis la haine.
Qui dois-je aimer ?
Qui dois-je maudire ?
Autrefois tout était clair.
Mon cœur vient de glisser
S'engouffrant dans un abîme sans raison.
Amante dans l'âme.
Sœur dans la chair.
Amour moqueur aux regards immuables.
C'est un flot de pensées qui me submerge et me broie.
Une vague déferlante fracassant toutes croyances.

La lumière s'éteint lentement. Une autre lumière vient éclairer Dorian, qui la regarde les larmes aux yeux.

DORIAN

Le temps bienheureux est révolu.

Dans l'ombre de ta propre ombre,
Assaille Dieu en ces lieux.
Obscur trajet que tu empruntes sans fin ;
S'éteint pour t'éblouir.
Arpente une pente d'épines acérées,
En embrochant ta propre tourmente.
Abyssale, tant tachée d'encre.
Faite de souffrance.
La vie mérite de vivre ?
Cher Dante, quelle « Divine comédie » !
Triste fardeau d'innocence déchue.
Plainte, tu t'implores.
Que tu susses rayer ta propre conscience.
Le pardon te pardonne,
Senteur inodore.
Immaculé ce poète de perdition.
Ô sécheresse tu te dessèches,
Dans ce qui est dans le sens.
Compresse tes plaies indolores,
En narguant ces cieux hostiles.
Cherche l'absence,
Qui s'éclate sur un mur ensanglanté
(Il baisse la tête.)
Sépare-moi de ma raison,
Ou prends-moi pour cible !

La lumière s'éteint brusquement. Une lumière s'allume sur le devant de la scène. Des pas se font entendre. Cyrille se positionne sur la lumière, tête baissée.

CYRILLE

Qu'importe la mort, on ne la voit pas.
Elle est silencieuse et sournoise.
Elle nous entoure et nous pénètre sans crier gare.

**Vénères-tu la chance que tu peux avoir de pouvoir entendre
la mort te répondre ?
Ecoute-la,
Elle connaît tout de toi.**

*La lumière s'éteint. Le central s'allume. Dorian est face au
public, le regard neutre. Des pas se font entendre. Dorian ne se
retourne pas.*

Une lumière s'allume, Madeline apparaît.

*Elle le regarde un instant avant de le mettre en joue avec son
arme.*

MADELINE

Regarde-moi, Dorian ! *(Il ne bouge pas. Elle finit par le
contourner.)* **J'ai dit, regarde-moi !**

DORIAN

Est-ce que cela changera les choses ?

MADELINE

Rien ne pourra changer ce qui s'est passé entre nous.

DORIAN

Surtout ce qui n'aurait jamais dû être.

Il la regarde.

MADELINE

Ce n'est pas toi que je suis venue buter, Dorian.

DORIAN

Ouais... C'est ma mère ? *(Elle ne dit mot.)* **Malgré toutes les erreurs qu'elle a pu faire, elle reste ma mère. Je ne te laisserai pas lui faire de mal.**

MADELINE

Ne complique pas les choses. Soit heureux de pouvoir vivre.

DORIAN

Vivre !? Tu appelles cela vivre !? Crois-tu que je puisse envisager un avenir après ce que je viens d'apprendre ?... Tu sais ce que je ressens ?

MADELINE

Tu ne ressens rien, Dorian.

DORIAN

C'est ce que tu penses de moi ?

MADELINE

C'est ce que tu voulais, il y a deux mois.

DORIAN

J'étais bête, alors.

MADELINE

Et maintenant, tu as gagné en intelligence ? *(Il baisse la tête.)* **Je t'aime, Dorian. Malgré tout... Mais c'est trop tard.**

DORIAN

Je sais. *(Ils se regardent un long moment, le regard chargé d'émotion.)* **J'ai du mal à réaliser que tu es ma demi-sœur... Pourquoi est-ce que cela nous est arrivé à nous ?... Je regrette ce que j'ai dit, Maddy.**

MADELINE

Tu le regrettes parce que je pointe une arme sur toi ?

DORIAN

Non !... As-tu gardé l'enfant ?

MADELINE

Oui.

DORIAN

Combien de mois ?

MADELINE

Trois... Tout semble normal.

DORIAN

J'ai rêvé que nous partions loin d'ici et que nous vivions heureux. Toi... moi... et le bébé.

MADELINE

Nous sommes de la même famille. C'est contre nature.

DORIAN

(Il s'approche d'elle en colère jusqu'à ce que l'arme qu'elle pointe lui effleure la poitrine.) Qui peut dire ce qui est contre nature ? Dieu peut-être ? S'il existe, il doit bien se fendre la gueule... J'ai une mère qui passe son temps à baiser ses investisseurs. Il y a deux mois, j'ai vu Frédéric Martin entrer dans son bureau sans jamais en ressortir. Je savais, mais je ne voulais rien voir. Je suis lâche, comme l'était notre père !

MADELINE

Tais-toi, Dorian.

DORIAN

C'est un lâche. Un lâche préférant se tirer une balle dans la tête plutôt que d'assumer sa paternité.

MADELINE

J't'en prie Dorian, tais-toi !

DORIAN

Je croyais que, par ce geste, il avait prouvé sa valeur. Mais en y réfléchissant bien, il nous a semé sur un chemin rocailleux. Puis il a fait ce qui était le plus simple pour lui. Et j'espère bien que cela l'a mené en enfer. Qu'il vit la torture morale qu'il nous a infligée allègrement. *(Suppliant)* Maddy, nous pouvons encore nous soustraire à cela en trouvant notre exutoire. En vivant loin de toute cette folie que notre père et nos mères ont engendrée. Nous aspirons à cela, non ? *(Madeline met sa main sur son ventre en faisant une grimace de douleur.)* Maddy, ça ne va pas?

Elle pointe toujours son arme sur sa poitrine. Dorian lui tend la main et, après une brève hésitation, elle s'en saisit. Ils se regardent en se tenant la main fermement. Puis ils s'enlacent tendrement.

Lauriane entre, pointant une arme sur eux.

LAURIANE

Dorian ! *(Il se met face à Maddy pour la protéger.)* Pousse-toi, Dorian ! *(Il fait un signe négatif.)* Comment oses-tu me défier ? Sais-tu quelle douleur je ressens face à ta défiance?... Sais-tu combien je t'aime, mon fils ? Pourquoi me hais-tu au point d'aller à l'encontre de ma volonté ?

MADELINE

(Elle se met devant Dorian.) **Dorian ne vous hait pas, Madame Dumasse. Il ne comprend pas certains de vos agissements, et pourquoi vous avez meurtri ceux qui vous ont le plus aimé.**

LAURIANE

Tais-toi, sale petite garce ! J'aurais dû te tuer, ainsi que ta putain de mère, il y a vingt ans. Tu devrais me vénérer de vous avoir laissé vivre.

MADELINE

Non ! Tu nous as laissé vivre pour nous employer à te servir. Humilier ma mère et lui faire payer chaque jour, depuis plus de vingt ans, ce que tu juges être une faute. Elle a eu tort de rester ici. Elle s'est sentie toute sa vie responsable de la mort de Gérard Dumasse. Et vous, vous l'avez confortée dans cette voie. Personne ne peut vous aimer, Lauriane. Et la peur que vous suscitez autour de vous en témoigne. Elle a poussé un homme à la mort.

Lauriane enlève la sûreté de son arme. Dorian s'interpose.

DORIAN

Maman, arrêtons tout, maintenant. *(Lauriane le fixe impitoyable.)* **Tu disais m'aimer ?**

Isabelle entre à l'insu de Lauriane.

LAURIANE

J'aimais ton père aussi. Si tu manifestes le désir de me quitter, alors, tu auras le même sort que lui.

ISABELLE

Je comprends mieux les choses aujourd'hui. Gérard ne pouvait pas se donner la mort.

LAURIANE

Ce qui prouve que tu es une femme vraiment stupide. J'ai tout fait pour que l'hypothèse du suicide soit retenue. Et la seule qui aurait pu y voir un meurtre, c'était toi.

DORIAN

Non ! Comment as-tu pu faire ça ?

Dorian prend Madeline dans ses bras.

LAURIANE

Je préférerais te voir mort plutôt que te savoir avec cette salope.

ISABELLE

Lauriane, je t'en prie, pitié. Ils ne sont pas responsables.

LAURIANE

Personne n'est responsable, hormis toi. Et tout le monde va payer pour tes fautes.

L'inspecteur entre et vise Lauriane d'une main
et Madeline de l'autre.

DEBERT

Lâchez vos armes, immédiatement.

LAURIANE

Allez au diable !

179

DEBERT

Obtempérez ou je n'hésiterai pas une seconde, Dumasse !

Annie entre et pointe son arme dans le dos de l'Inspecteur.

ANNIE

Posez vos armes tout de suite. Tout comme vous, je n'hésiterai pas une seconde.

Madeline vise toujours Lauriane tandis qu'elle la vise. L'Inspecteur, surpris de l'entrée d'Annie continue tout de même à viser Lauriane et Madeline. Isabelle se met à pleurer fendant le silence pesant installé.

ISABELLE

Mon Dieu, non ! Pitié.

LAURIANE

Tais-toi, Isabelle ! Le courage n'est pas ce qui te sied. Alors, la ferme !

Isabelle, dans un hurlement se jette sur l'arme de Lauriane. Les deux femmes se battent sous l'œil médusé des autres qui continuent à se viser.

Cyrille entre et sourit.

Un coup part. Isabelle s'écroule. Madeline hurle et tire sur Lauriane qui s'écroule lentement. Elle regarde Madeline et Dorian avant de rendre son dernier souffle. Dorian tombe à genoux, choqué. L'Inspecteur pointe son arme sur Cyrille qui en fait de même.

CYRILLE

Cool, ici ! Ouah ! C'est le jeu de quille ? A qui le tour ?

ANNIE

A genoux. Plus vite !

Debert s'exécute.

CYRILLE

Quelle intelligence, Annie. Maintenant, tu es dans ma ligne de mire.

Annie vise Madeline. Cyrille tire sur elle et l'abat. L'inspecteur vise de ses deux armes Cyrille. Il tire. Mais Cyrille, plus rapide, l'atteint. Debert meurt tandis que Cyrille s'écroule sur le sol, blessé. Avant même d'atteindre le sol il met en joue Dorian, qui dégaine l'arme qu'Annie lui avait donnée.

MADELINE

Cyrille, non !

Elle s'interpose. Cyrille se lève péniblement tout en les regardant tous les deux.

CYRILLE

Barre-toi Maddy !

MADELINE

Je t'en prie, Cyrille, ne me force pas à tirer... Lauriane est morte. C'est ce que tu voulais, non ? Alors épargne-le. Arrêtons tout, maintenant. Je sais que tu es un homme bon qui pourrait opter pour une autre vie.

CYRILLE

Et te laisser vivre avec ce type ? Tu me laisserais tout seul ?

MADELINE

J'aime Dorian.

CYRILLE

Tu te fous de ma gueule ou quoi !? Tu crois ce qu'il te dit ?
Il te ment aujourd'hui comme il t'a menti hier ! Il protège
sa vie et non la tienne ! Pourquoi crois-tu qu'il puisse
changer ? Il ne peut t'aimer autant que je t'aime. Je suis le
seul qui puisse te comprendre.

MADELINE

Ce qui émane de toi, ce n'est pas de l'amour. Tu veux
posséder. Tu m'as enlevée. Tu as tué sous mes yeux. J'étais
paumée. Je ne comprenais plus rien. Tu m'as nourrie de
haine et j'ai bu tes paroles. Mais aujourd'hui ça n'a plus
aucun sens. Ce qui m'unit à Dorian est plus fort que tout.
Ce n'est pas seulement mon amant. Ce n'est pas seulement
le père de mon enfant... C'est mon frère... Nous ne vivrons
jamais comme mari et femme. Tout comme je ne vivrai
jamais avec toi.

*Cyrille reste sans mot dire. Il regarde tour à tour Dorian et
Madeline.*

CYRILLE

Quel que soit l'homme que tu auras choisi, il ne pourra vivre
avec toi. Car je serai toujours auprès de toi.

MADELINE

Tu vas me tuer ?

CYRILLE

Non. C'est toi qui vas me tuer. Et après, tu te conduiras toi-
même au trépas.

Ils se regardent tout en tension. Il tire sur Dorian qui s'écroule sur le sol. Madeline hurle en abattant Cyrille.

Madeline, un instant, reste la tête rivée au sol. Elle n'ose pas regarder les deux hommes morts. Elle ramène, d'un geste vif, l'arme à sa tempe et tire. Rien ne se passe, l'arme est vide. Madeline la regarde sans comprendre, puis, dans un accès de rage, la lance violemment sur le sol. Elle gémit doucement et pleure.

Après un instant, elle ose regarder Cyrille ; puis, lentement se tourne vers Dorian. Son visage se crispe de douleur et, lentement elle s'avance vers lui en pleurant et s'assoit à ses côtés. Puis elle le prend dans ses bras et l'enlace.

Après quelques instants, elle le laisse retomber sur le sol. Elle prend l'arme gisant sur le sol. Elle l'enclenche. Elle s'allonge à ses côtés.

Noir complet

Une détonation se fait entendre.

FIN